50.29

-2.4-

Deutsch für Fortgeschrittene

Moderne Welt 2

Sachtexte mit Übungen

von Heinz Griesbach

Max Hueber Verlag

Das Unterrichtswerk
Deutsch für Fortgeschrittene
von Heinz Griesbach

besteht aus folgenden Teilen:

1. *Deutsche Grammatik im Überblick*
2. *Texthefte* mit Übungen (Texte aus der modernen Literatur, Sachtexte allgemein interessierenden Inhalts, Fachtexte)
3. *Sprachhefte* (Sprachübungen zur Grammatik, zum Wortschatz und zum Ausdruck)
4. *Sprechübungen* für die Klasse und für das Sprachlabor

D85/397

**Institut für Didaktik der Dt. Sprache u. Lit.
Justus-Liebig-Universität
Otto-Behaghel-Str. 10, 6300 Giessen**

3. Auflage

4.	3.	2.		Die letzten Ziffern
1983	82	81	80	bezeichnen Zahl und Jahr des Druckes.

Alle Drucke dieser Auflage können nebeneinander benutzt werden.
© 1971 Max Hueber Verlag München
Umschlaggestaltung: Wolfgang Link, Ebenhausen
Gesamtherstellung: Druckerei Manz AG, Dillingen · Printed in Germany
ISBN 3-19-00.1135-4

Vorwort

Die Texthefte *Moderne Welt 1* und *2* bieten für den fortgeschrittenen Deutschunterricht eine Reihe von Sachtexten an, die sich mit Themen unserer modernen Umwelt beschäftigen. Die Texte informieren über allgemein interessierende Gebiete und sind für ein breites Leserpublikum bestimmt. Sie führen den Sprachschüler in eine Sprache ein, die auf eine nüchtern sachliche Information ausgerichtet ist, und zeigen ihm, wie komplexere Sachverhalte mit Hilfe der Sprache als Information weitergegeben werden. Die behandelten Themen regen zur Diskussion an und erreichen damit das im fortgeschrittenen Unterricht anzustrebende interessante Gespräch in der zu erlernenden Sprache. Gerade bei Themen, die jeden angehen und interessieren müssen, lassen sich leicht unterschiedliche Meinungen finden. Auch werden die Auffassungen der Textverfasser nicht immer mit denen der Leser übereinstimmen.

Grundlage des fortgeschrittenen Sprachunterrichts ist die Arbeit an Texten, in denen gezeigt wird, wie Sprache als Informationsmittel funktioniert. Der Sprachschüler muß lernen, fremdsprachlichen Texten die gegebenen Informationen zu entnehmen und dann durch Fragen und Gespräche zu verbreiten und zu vertiefen. Die Fähigkeit, komplexere Informationen weiterzugeben, bildet das erstrebte Lernziel. Die Texte dienen als Vorlage für die sprachliche Bewältigung solcher Informationen. Die auf den Text folgenden Aufgaben und Übungen sind auf den jeweiligen Sachtext bezogen. Es werden nur Lösungen verlangt, bei denen gesichert ist, daß sie der Schüler nach sorgfältiger Textarbeit zu finden imstande ist.

Die Beantwortung der *Fragen zum Textinhalt (A)* setzt eine eingehende Durcharbeit des Textes und eine Besprechung des angeschnittenen Themas voraus. Einige der Fragen eignen sich gut für kurze schriftliche Stellungnahmen, die im Unterricht gegeben und anschließend gemeinsam verglichen und besprochen werden können. Eine abschließende, gemeinsam erarbeitete Stellungnahme zu dem Thema würde diese Unterrichtseinheit abrunden.

Die Sätze in den *Übungen B* sind „Übersetzungen" auffälliger Ausdrucksformen des Textes. Durch „Rückübersetzung" kann der Schüler nachweisen, ob er sich diese Ausdrucksform zu eigen gemacht hat, und vor allem, ob er die damit verbundene grammatische Umstrukturierung des Satzes und seiner Inhalte beherrscht. Die in Klammern stehenden

Ziffern hinter jedem Satz verweisen auf die betreffende Textstelle. Diese Aufgabe zielt auf eine Erweiterung der Sprachkompetenz des Schülers ab. Dem gleichen Ziel dienen die *Aufgaben zur Erweiterung des Wortschatzes und des Ausdrucks (C)*. Der Lehrer soll hier das im Text vorgestellte Sprachmaterial im Gespräch mit der Klasse ergänzen und erweitern. Hierbei kann der Schüler den richtigen Umgang mit dem Wörterbuch lernen, wenn er die deutsche Entsprechung für den muttersprachlichen Ausdruck herausfinden muß. Die Entscheidung für den treffenden Ausdruck aus den im Wörterbuch angebotenen Synonyma weist die sprachliche Sicherheit des Schülers aus.

In den Übungen *Ergänzen Sie die fehlenden Wörter und Endungen (D)* werden bestimmte Satzstrukturen des Textes herausgestellt, in die der Schüler die ausgelassenen Funktionskennzeichen und Funktionswörter einsetzen soll. An diesen Übungen zeigt der Schüler, wie weit er aus der Arbeit am Text den richtigen grammatischen Gebrauch des gegebenen Wortmaterials behalten hat.

Die *Übungsgruppen* E enthalten aus dem Text herausgezogene Satzformen und Satzstrukturen, die in der vorgegebenen Weise umgeformt werden sollen. Diese Übungen fördern den Schüler im Gebrauch der Sprache. In ihnen werden vor allem Stellungsregeln (bekannte Inhalte vor neuem Inhalt usw.) wirksam, ebenso wird hier der sinnvolle Einsatz der Bezugswörter (Pronomen und Adverbien) sichtbar.

Die Schüler müssen laufend im mündlichen und schriftlichen Gebrauch der zu erlernenden Sprache überprüft werden. Ergänzende Sprachübungen, die über das in den Textheften vorhandene Übungsangebot hinausgehen und erforderlich sein werden, sind in den *Sprachheften* enthalten. Dort werden Sprachübungen systematisch nach Funktionen und Satzstrukturformen angeboten, die den Formenbestand des Deutschen und seine Anwendung zeigen. Nach diesen Sprachheften kann der Lehrer sein sprachliches Unterrichtsprogramm individuell zusammenstellen, entsprechend den Ausgangskenntnissen und dem Unterrichtsziel seiner Klasse. In der *Deutschen Grammatik im Überblick* findet der Schüler Übersichten über das Formensystem und über die Satzsysteme des Deutschen. Ein Wörterbuch und eine Übersichtsgrammatik sollten fortgeschrittene Sprachschüler bei ihrer Lernarbeit stets zu Rate ziehen können.

Bayerisch Gmain, im September 1970   Heinz Griesbach

Inhalt

Friedensforschung	9
Aus einem Interview mit dem Bundespräsidenten	13
Demokratische Verantwortung anstatt Indifferenz oder Revolte	18
Der Luxus des Gewissens	23
Der Treueid ohne „Gottes Hilfe"?	26
Kultur und Zivilisation	29
Künstlerische Maßstäbe	33
Kunsthandel	38
Warnung an Kunstfreunde	42
Das Fernsehen	46
Tagesschau: ... und nichts als die reine Wahrheit	51
Autorität des Publizierten	56
Überschriften sind Glückssache	61
Taschenbücher	65
Die neue Architektur	69
Das teuerste Chaos der Welt	73
Autobahn – ein gefährlicher Weg	78
Der Trick mit der Aufwertung	83
Die Situation der deutschen Seehäfen	87
Das Meer als Eiweißlieferant	92
Die Zukunft des Menschen	96
Tiefseebergbau – futurologisch	100
Elektronik in der Expansion	105
Satellitenfotos für neue Erdkarten	109
Kulturtechnik Fotografie	113
Wählscheibe verbindet zwei Kontinente	118
Tanz der tausend Typen	123
Wörterbücher aus dem Computer	127
Quellenverzeichnis	132

Friedensforschung

Friedensforschung muß zur Grundlage aller Grundlagenforschung werden. Diese Einsicht in die fundamentale Bedeutung der wissenschaftlichen Erforschung des Friedens ist ein Leitmotiv des Bundespräsidenten Dr. Gustav Heinemann. Mit seinem Engagement für dieses notwendigste Forschungsprogramm unserer Tage appelliert der Bundespräsident an die gesamte Öffentlichkeit.

„Seit 1945, das heißt seit dem Ende des zweiten Weltkrieges, hat es in aller Welt zahlreiche neue Kriege gegeben. Einige davon erfüllen zur Zeit täglich die Welt mit Nachrichten und Bildern über das Elend, das sie anrichten. Auch sie werden, wenn das neue Blutvergießen zum Stillstand kommt, wenig oder nichts von den Fragen gelöst haben, deretwegen sie begonnen worden sind.

Müßte nicht längst in aller Welt und besonders dringlich auch bei uns die wissenschaftliche Erforschung des Friedens, das heißt seiner Voraussetzungen einschließlich der sozialen und wirtschaftlichen Strukturen sowie der psychologischen Faktoren, die Grundlage aller Grundlagenforschung sein?

Bisher hat der menschliche Geist seine größten Leistungen in der Erforschung und Beherrschung der Natur erbracht. Diese Leistungen sind die Lebensgrundlage der immer weiter steigenden Menschenzahl.

Die eigentliche Gefahr für den Menschen ist nicht mehr die Natur, sondern der Mensch selbst. Von sich und von seinen lebensbedrohenden Fähigkeiten aber weiß der Mensch weniger als von der uns umgebenden Natur.

Die Ursachen der Konflikte unter den Völkern und die menschlichen Aggressionstriebe sind weniger erforscht als die Gesetze der Ordnung im Atom. Der Krieg wurzelt offensichtlich weniger – wenngleich auch – in den Gesinnungen der einzelnen, als vielmehr in den Ordnungen und Unordnungen der Gemeinschaften. Seine Ursachen sind trotz den jeweiligen Kriegsgewinnlern nicht privater, sondern politischer Natur. Sie erwachsen aus Gewohnheiten, Vorurteilen, Sozialordnungen und Herrschaftsformen. Deshalb brauchen wir eine Erforschung dieser Zusammenhänge. Wir brauchen eine Friedensforschung. Deshalb brauchen wir neue Ordnungen und neue Gewohnheiten, neue Spielregeln und neue Verhaltensweisen.

Zur neuen Ordnung gehören die Vereinten Nationen, die es nach dem Fehlschlag des Völkerbundes zu stärken gilt. Als neue Gewohnheit gilt es einzuüben, einen Konflikt auch mit den Augen des Gegners zu beurteilen. Zu den neuen Spielregeln muß die Bereitschaft zum Kompromiß gehören, die eine Selbstbehauptung um jeden Preis mit der Entschlossenheit vertauscht, eine von Generation zu Generation vererbte Feindseligkeit durch einen neuen Anfang auf beiden Seiten zu ersetzen. Zu den neuen Verhaltensweisen wäre zu rechnen, an der Angst und Trauer, an dem Stolz und der Empfindlichkeit des Gegners teilzunehmen.

Der Krieg ist kein Naturgesetz, sondern Ergebnis menschlichen Handelns. Deshalb gilt es, diesem Handeln auf die Spur zu kommen.

Auch der Frieden ist kein Naturgesetz – das haben wir erlebt. Ist er eine Illusion?

Was wollen und tun wir, auf was ist des Menschen Leben ausgerichtet, und wie ordnet er sein Leben, bevor der Krieg mit seinem Töten und Getötetwerden jeweils wieder einmal da ist? Auf diese Frage gibt es keine absolute Antwort. Eine Antwort aber, die jeder geben kann, ist die, die Kräfte zu stärken, die eine überzeugende Politik des Friedens verfolgen und jene zurückzuweisen, die im nationalistischen Mantel schon wieder den Geist der Unversöhnlichkeit predigen."

Gustav Heinemann
aus seiner Rede zum 30. Jahrestag des Kriegsausbruchs
am 1. September 1939

A *Fragen zum Textinhalt:*

1. Welches ist das Leitmotiv der Gedanken, die Gustav Heinemann in seiner Rede äußert?
2. Welche Tatsachen sind die Ursachen für diese Einsicht?
3. Welchen Forschungen hat man bisher den Vorzug gegeben und welche hat man vernachlässigt?
4. Auf welche Weise ließen sich Konflikte vermeiden? Geben Sie die in der Rede empfohlenen Vorschläge wieder!

B *Drücken Sie den Inhalt folgender Sätze mit Worten aus dem Text aus!*

1. Seit 1945 sind auf der ganzen Welt zahlreiche Kriege geführt worden. (8)
2. Die Kämpfe sind eingestellt worden. (10)
3. Kriege verursachen Elend. (10)
4. Die Vereinten Nationen müssen in ihrer Handlungsfähigkeit gestärkt werden. (37)
5. Es ist eine wichtige Aufgabe, die Motive menschlichen Handelns herauszufinden. (46)

C *Aufgaben zur Erweiterung des Wortschatzes und des Ausdrucks.*

1. Erklären Sie folgende Begriffe und geben Sie ein Beispiel für ihren Gebrauch!
   das Elend, das Blutvergießen, die Beherrschung der Natur, der Kriegsgewinnler, das Vorurteil
2. Von welchen Adjektiven sind folgende Wörter abgeleitet?
   die Fähigkeit, die Gewohnheit, die Bereitschaft, die Entschlossenheit, die Feindseligkeit, die Empfindlichkeit, die Unversöhnlichkeit
3. Geben Sie ein Beispiel für den Gebrauch dieser Adjektive!

D *Ergänzen Sie die fehlenden Wörter und Endungen!*

1. Seit 1945 hat ... in all– Welt zahlreiche Kriege gegeben.
2. Die Kampfhandlungen sind inzwischen ... Stillstand gekommen.
3. Die wissenschaftliche Erforschung des Friedens muß ... Grundlage all– Grundlagenforschung werden.
4. Es hat ... gezeigt, daß der Mensch selbst die eigentliche Gefahr ... den Menschen ist.
5. Welches sind die Ursachen der Konflikte ... den Völkern?
6. Man muß sich bemühen, d– menschlichen Handeln ... d– Spur zu kommen.

E
Die Vereinten Nationen müssen gestärkt werden.
Es gilt, die Vereinten Nationen zu stärken.

1. Ein Konflikt muß auch mit den Augen des Gegners beurteilt werden.
   ...

2. Eine größere Bereitschaft zum Kompromiß muß erreicht werden.
   . . .
3. Die Kräfte, die eine Politik des Friedens verfolgen, müssen noch mehr unterstützt werden.
   . . .
4. Die Ursachen der Konflikte unter den Völkern müssen erforscht werden.
   . . .

Das Blutvergießen zwischen den verfeindeten Völkern hat aufgehört.
Das Blutvergießen zwischen den verfeindeten Völkern ist zum Stillstand gekommen.

5. Wegen der katastrophalen Wetterlage hat der gesamte Luftverkehr über unserem Gebiet aufgehört.
   . . . Erliegen gekommen.
6. Nach einer längeren Frostperiode hat die Schiffahrt auf allen Flüssen und Kanälen aufgehört.
   . . . Erliegen gekommen.
7. Trotz aller Bemühungen des Wirtschaftsministers hat der Handel zwischen den beiden Ländern aufgehört.
   . . . Stillstand gekommen.

Morgen werden die bestellten Waren ausgeliefert.
Morgen kommen die bestellten Waren zur Auslieferung.

8. Gestern sind die Gelder an die Rentenempfänger ausgezahlt worden.
   . . .
9. Nächste Woche werden die Fundsachen versteigert, die von ihren Besitzern nicht abgeholt worden sind.
   . . .
10. Über den Antrag der Abgeordneten wird nach der Sitzungspause abgestimmt.
    Der Antrag . . .
11. Über die neuen Vertragsbedingungen wird gerade verhandelt.
    Die neuen Vertragsbedingungen . . .
12. Gestern ist über den Abschluß eines neuen Handelsvertrags gesprochen worden.
    Gestern . . . zur Sprache . . .

Aus einem Interview mit dem Bundespräsidenten

Frage: Ihr wiederholter Appell, der Erforschung des Friedens mehr Aufmerksamkeit zu schenken als der Verhinderung des Krieges, muß konkretisiert werden. Was also kann geschehen, wo hat Ihrer Meinung nach die Friedensforschung ihren Platz, und was kann der Bundespräsident dazu beitragen, um der wissenschaftlichen Eingliederung der Friedensforschung den gebührenden Rang einzuräumen?

Bundespräsident Dr. Heinemann: Mit meinen wiederholten Hinweisen darauf, daß eine Friedensforschung notwendig sei, habe ich zunächst einmal nur dieses im Sinn: Ich möchte die Öffentlichkeit in ihrer Breite auf die Notwendigkeit dieser Aufgabe aufmerksam machen. Ich knüpfe gern an das an, was Carl-Friedrich v. Weizsäcker einmal in der Paulskirche in Frankfurt gesagt hat, nämlich dieses: „Ich" – Carl-Friedrich v. Weizsäcker – „sehe mit Kummer, wie der politische Provinzialismus der Bundesrepublik sich zum Beispiel im Fehlen einer breiten Schicht von Kennern der Strategie der Abrüstung dokumentiert. Verstünden wir mehr von diesen Fragen, so würden wir vielleicht weniger in Versuchung sein, uns auf Grund spezieller nationaler Interessen, so wichtig sie für uns sind, notwendigen internationalen Schritten in den Weg zu stellen." Diesen alten Appell von v. Weizsäcker möchte ich unterstreichen. Ich weiß, daß es in der Bundesrepublik verschiedene Stellen gibt – private und auch einige, die mit Universitäten zusammenhängen –, die sich dieser Aufgabe zuwenden. Hier käme es darauf an, einmal deutlich zu machen, was sich bereits tut, um eine Zusammenführung dieser Arbeit und ihre hinreichende Ausstattung mit personellen und finanziellen Mitteln in die Wege zu leiten. Der Krieg ist kein Naturgesetz, der Friede ist auch kein Naturgesetz. Solche Ereignisse kommen zustande aus menschlichem Handeln, und infolgedessen geht es darum, den Zusammenhängen dieses menschlichen Handelns auf die Spur zu kommen. Dazu gibt es vielerlei Überlegungen: Wie kann man eine Rüstungswirtschaft überleiten in eine Friedenswirtschaft? Wie kann man die psychologischen Hemmungen überwinden? Wie kann man erzieherisch helfen? Kurzum: Das sind nur wenige Punkte, die ich jetzt anführe.

Mir kommt es darauf an – um es noch einmal zu sagen –, daß wir uns in der Öffentlichkeit überhaupt auf diese Fragen einstellen.

Frage: Herr Bundespräsident, warum soll es nicht möglich sein, eine Friedensuniversität einzurichten, oder warum soll es nicht möglich sein, daß der Bundespräsident selbst einem Ausschuß vorsteht, dessen Aufgabe es wäre, Konfliktforschung zur Sicherung des Friedens zu betreiben?

Bundespräsident Dr. Heinemann: Ich möchte in diesem Augenblick keine bestimmten Vorschläge für die Institutionalisierung von Friedensforschung machen, also etwa, ob es angelehnt werden sollte an eine Universität. Ich wäre persönlich zu jedem Engagement bereit, das diese Forschung fördern würde, also auch unter Umständen einen Ausschuß, der mit den hinreichenden sachverständigen Personen besetzt wäre, zu leiten.

Kurzum: Was da zu tun möglich ist – es muß geschehen. Das ist die Hauptsache.

Frage: Friedensforschung muß international organisiert werden, um die Interessenlage der Völker zu synchronisieren. Welche Möglichkeiten sehen Sie, um dafür wirkungsvolle Impulse geben zu können?

Bundespräsident Dr. Heinemann: Sie haben mit Recht darauf aufmerksam gemacht, daß das Thema Friedensforschung nicht nur eine nationale Aufgabe sein wird, sondern eine internationale von hohem Rang. Es ist natürlich naheliegend, hierbei an die Vereinten Nationen zu denken, die ja die Aufgabe haben, den Konflikten unter den Völkern rechtzeitig zu begegnen. Dafür sollte also auch die Einrichtung der Vereinten Nationen die Hand bieten, daß sie der Friedensforschung international weiterhilft.

A *Fragen zum Textinhalt:*

1. Mit welcher Absicht hat Gustav Heinemann wiederholt auf die Friedensforschung hingewiesen?
2. Welche Empfehlungen gibt Gustav Heinemann für die Friedensforschung?
3. Welche Institutionen wären zur Friedensforschung geeignet?
4. Was könnte man Ihrer Meinung nach tun, um den Frieden in der Welt zu garantieren und die Ursachen von Kriegen zu beseitigen?

B *Drücken Sie den Inhalt folgender Sätze mit Worten aus dem Text aus!*
1. Die Erforschung des Friedens sollte mehr beachtet werden. (2)
2. Wo steht die Friedensforschung heute? (4)
3. Was kann man für die Forschung tun? (5)
4. Die Wissenschaftler sollten sich mit dieser Aufgabe befassen. (2)
5. Man muß der Öffentlichkeit die Wichtigkeit dieser Aufgabe verdeutlichen. (10)
6. Was geschieht jetzt? (23)
7. Kriege entstehen aus menschlichem Handeln. (27)
8. Unsere Aufgabe ist es, hinter die Zusammenhänge dieses menschlichen Handelns zu kommen. (28)
9. Meine Absicht ist es, die Öffentlichkeit auf diese Probleme aufmerksam zu machen. (33)
10. Es liegt nahe, daß man auch an die UNO denkt, wenn man von Friedensforschung spricht. (55)

C *Erklären Sie, was folgende Wörter ausdrücken!*

Was ist Friedensforschung? – ...
... Abrüstung? – ...
... ein Naturgesetz? – ...
... Rüstungswirtschaft? – ...
... Friedenswirtschaft? – ...
Was sind die Vereinten Nationen? – ...
... nationale Interessen? – ...
... personelle und finanzielle Mittel? – ...
... sachverständige Personen? – ...

D *Ergänzen Sie die fehlenden Wörter und Endungen!*
1. Was können Sie ... Friedensforschung beitragen?
2. Wie kann man der Friedensforschung d– gebührenden Rang in d– Wissenschaft ein–?
3. Wir möchten Sie ... d– Notwendigkeit unsere– Aufgabe aufmerksam ...
4. Der Redner knüpfte ... ... an, was sein Vorredner gesagt hatte.
5. Wenn wir mehr ... diese– Fragen verstünden, ... würden wir nicht immer unsere eigen– Interessen in den Vordergrund stellen.
6. Die Wissenschaftler haben ... eine– neuen Aufgabe zugewendet.
7. Es sind neue Maßnahmen ... ... Wege geleitet worden.

8. Bei den Forschungen geht es ..., den Zusammenhängen menschlichen Handels ...... Spur zu kommen.
9. Wie läßt sich die Rüstungswirtschaft ... eine Friedenswirtschaft überleiten?
10. Dieses Institut ist ... eine Universität angelehnt.
11. Die Vereinten Nationen ... die Aufgabe, d– Konflikten ... den Völkern rechtzeitig zu begegnen.
12. Ist ... nicht naheliegend, ... die Vereinten Nationen vor allem d– internationalen Friedensforschung weiterhelfen?

E
Ich verstehe von dieser Sache nichts. Ich kann sie Ihnen deshalb auch nicht erklären.
Verstünde ich etwas von dieser Sache, so könnte ich sie Ihnen erklären.

1. Der Mann hat keine politische Meinung. Er geht deshalb auch nicht zur Wahl.
   ...
2. Der Politiker klärt seine Anhänger nicht über seine wahren Absichten auf. Sie vertrauen ihm deshalb auch weiterhin.
   ...
3. Man kennt die Ursachen des menschlichen Handelns nicht genau. Deshalb bleibt es auch unerklärlich, warum es immer wieder Kriege gibt.
   ...
4. Kriege lösen keine Probleme. Deshalb können die Menschen auch nicht in Frieden leben.
   ...
5. Man beurteilt einen Konflikt nicht mit den Augen des Gegners. Deshalb ist man auch nicht zum Kompromiß bereit.
   ...
6. Die meisten Politiker wissen keine Antwort darauf, wie ein Krieg zu vermeiden ist. Deshalb werden Kriege in Zukunft nicht immer unvermeidbar sein.
   ...

In der heutigen Zeit ist eine Friedensforschung nötig.
Er hat darauf hingewiesen, daß in der heutigen Zeit eine Friedensforschung nötig sei.

7. Die Gefahr für den Menschen ist nicht mehr die Natur, sondern der Mensch selbst.
   Er hat darauf hingewiesen, ...

8. Es gilt vor allem, die Vereinten Nationen zu stärken.
   Er vertrat die Meinung, ...
9. Ein Konflikt soll auch mit den Augen des Gegners beurteilt werden.
   Er hat die Auffassung vertreten, ...
10. Die Friedensforschung muß international organisiert werden, wenn sie wirksam werden soll.
    Er machte in dem Interview darauf aufmerksam, ...

Der Erforschung des Friedens muß mehr Aufmerksamkeit geschenkt werden.
Worum geht es? – Es geht darum, daß der Erforschung des Friedens mehr Aufmerksamkeit geschenkt werden muß.

11. Der Friedensforschung muß der gebührende Rang eingeräumt werden.
    Worum geht es? – Es ...
12. Die Friedensforschung soll institutionalisiert werden.
    Worum geht es? – Es ...
13. Die Interessenlage der Völker muß synchronisiert werden.
    Worum geht es? – Es ...
14. Die Vereinten Nationen müssen wirksamer unterstützt werden, den Konflikten unter den Völkern rechtzeitig zu begegnen.
    Worum geht es? – Es ...

Die Öffentlichkeit muß der Friedensforschung mehr Aufmerksamkeit schenken.
Worauf kommt es an? – Es kommt darauf an, daß die Öffentlichkeit der Friedensforschung mehr Aufmerksamkeit schenkt.

15. Die Rüstungswirtschaft muß in eine Friedenswirtschaft übergeleitet werden.
    Worauf kommt es an? – Es ...
17. Die Friedensforschung muß international organisiert werden.
    Worauf kommt es an? – Es ...
18. Die Vereinten Nationen müssen den Konflikten unter den Völkern rechtzeitig begegnen, damit eine militärische Auseinandersetzung vermieden wird.
    Worauf kommt es an? – Es ...

Demokratische Verantwortung anstatt Indifferenz oder Revolte

Die Jugend wird „politisch". Eine wachsende Zahl junger Leute denkt und handelt politisch. Mehr als ihre Altersgenossen der fünfziger und der frühen sechziger Jahre haben sie bei dem, was sie meinen und tun, nicht nur ihr privates Leben im Sinn, sondern auch den Staat, in dem sie leben. Was die Ältern sich von den Jungen wünschten, scheint in Erfüllung zu gehen. Denn wer hätte nicht noch die Klagen im Ohr, daß die jungen Leute sich heutzutage nicht für den Staat interessieren, in dem sie leben, und daß sie die Politik offenbar für ein etwas anrüchiges und abstoßendes Geschäft hielten, aus dem man sich am besten heraushält. Das alte Klischee von der Jugend, die auf möglichst schnellem Wege durch Schule, Berufsausbildung und Hochschule kommen will, um möglichst rasch möglichst viel Geld zu verdienen, läßt sich heute so leicht nicht mehr verkaufen.

Woher der Wandel? Haben die Schüler und Lehrlinge, die Studenten und jungen Arbeiter vielleicht die Autorität der Erwachsenen einfach stärker respektiert und sich Ermahnungen zu Herzen genommen? Kam es zur Veränderung durch eine im wesentlichen doch „passive" Einsicht, oder ist sie ganz zwangsläufig ein Nebenprodukt der Jugendrevolte, der Protesthaltung?

Die „passive" Einsicht spielte und spielt bei diesem Politisierungsprozeß wohl eine gewisse Rolle. Eines der Fundamente dazu bildet sicher der politische Unterricht, der nach dem Krieg nicht nur in den Schulen eingeführt worden war. Die politische Bildung blieb nicht völlig wirkungslos. Zwar sind sich Pädagogen wie Politiker auch heute noch nicht ganz im klaren darüber, wie dieses neue Fach „auszufüllen", wie es am besten zu unterrichten sei, aber trotz aller Entwicklungsfehler, Mißerfolge und Fragwürdigkeiten haben die Politiklektionen schon Früchte getragen – Früchte allerdings, die so mancher aus der älteren Generation heute nur widerwillig erntet.

Denn die politische Bildung, die ihnen durch Schule, Verbände, Massenmedien zuteil wurde, gab den jungen Leuten zumindest Kriterien und Maßstäbe an die Hand, mit denen sie – zum Teil schon in der Schule, vor allem aber bei der Berufsausbildung und an den Hochschulen – die demokratische Wirklichkeit messen konnten. Und dabei mußten sie dann eben feststellen, daß das demokratische Modell, das der Lehrer vor ihren Augen im Sozialkundeunterricht aufgebaut hatte, in mancher Beziehung mit der demokratischen Wirklichkeit nicht in Einklang zu bringen war.

Was ist – so wird sich dann zum Beispiel ein Abiturient fragen – ein Grundgesetzartikel wert, der die Freiheit der Studien- und Berufswahl garantiert, wenn die Hochschulen so überfüllt sind, daß er weder studieren kann, *wo* er will noch *was* er will? Kann die Schullektion in Staatsbürgerkunde und Demokratieverständnis überzeugen, wenn die Institution der Schülermitverwaltung nur für „demokratische Sandkastenspiele" taugt, die von den Lehrern eben doch nicht sehr ernst genommen werden und deren Regeln von den Kultusverwaltungen vielleicht doch zu eng gefaßt wurden? Kann der Lehrling Ausbilder als Autoritäten anerkennen, die ihn als billige Arbeitskraft und für Botendienste ausnützen?

Zum Konflikt zwischen der jungen und älteren Generation kam es nicht zuletzt deshalb, weil die eine die andere beim Wort nahm, weil die Jungen das Ideal oder das Modell, das man ihnen vor Augen führte, kritisch mit der Wirklichkeit verglichen und dabei Mißverhältnisse entdeckten, mit denen sie sich weniger abfinden konnten als die Älteren, die über die Diskrepanzen hinwegsehen oder sich damit abgefunden und resigniert haben.

Die Jugend interessiert sich mehr als früher für die Politik, und die Politik muß sich, notgedrungen, mehr für die Jugend interessieren. Dieser „Rückkoppelungseffekt" tritt vor allem in den Plänen zutage, das Wahlalter von 21 auf 18 Jahre herabzusetzen. Eine solche Reform ist freilich nicht nur so zu verstehen, als honorierten die Älteren damit die Kritikfreude und das politische Interesse der Jungen. Die Änderung des Wahlalters ist letzten Endes eine Sache der Fairneß. Die Älteren würden ihren eigenen erzieherischen Bemühungen nämlich ein schlechtes Zeugnis ausstellen, wenn sie nicht zugestehen wollten, daß die jungen Leute politische Verantwortung nicht auch wirklich übernehmen können und dürfen.

Hinzu kommt das hinlänglich bekannte Argument: Wer Steuern zahlt und Wehrdienst leistet, wer mit Politiklektionen traktiert wurde und als Wirtschaftsfaktor, wie man so schön sagt, eine immer wichtigere Rolle spielt, hat schließlich auch Anrecht auf eine Stimme als Wähler.

Natürlich verbindet sich mit der Herabsetzung des Wahlalters auch die Hoffnung, die jungen Leute vor Trotzhaltung und politischer Isolierung zu bewahren, indem man ihnen demokratische Verantwortung zugesteht. Für die Jugend bliebe sonst nur der Weg in die Isolierung, in die Interesselosigkeit und Resignation oder in den Protest und die Revolte.

Ein österreichischer „Linkskatholik" stellte diese Jugend neulich den Erwachsenen als Vorbild hin: „Es bleibt kein Stein auf dem anderen ... Was diese Jugend an radikaler Kritik vorzubringen hat, sei allen ‚Erwachsenen' empfohlen. Was an Schuppen von jungen Augen fiel, kann auch uns in mancherlei Beziehung helfen. Wir blicken in einen Spiegel, sieh da, unsere rufenden Kinder haben recht: Wir sind Kaiser, die keine Kleider anhaben."

Gernot Sittner

A *Fragen zum Textinhalt:*

1. Welche Haltung hatte die Jugend früher gegenüber der Politik?
2. Was führte wohl zu dem Wandel der Jugendlichen in ihrem politischen Engagement?
3. Wie verhält sich die politische Theorie zur politischen Wirklichkeit?
4. Worin sehen Sie den Grund für den latenten Konflikt zwischen der jungen und der älteren Generation?
5. Was spricht für und was gegen die Herabsetzung des Wahlalters auf 18 Jahre?

B *Drücken Sie den Inhalt folgender Sätze mit Worten aus dem Text aus!*

1. Früher dachten die jungen Leute nur an ihr privates Leben. (4)
2. Der Wunsch der Älteren scheint sich zu erfüllen. (5)
3. Wir erinnern uns noch an die Klagen der Erwachsenen, daß die Jugend politisch uninteressiert sei. (6)
4. Totalitäre Ideologien finden auch heute noch ihre Anhänger. (12)
5. Der junge Mann hat die Ratschläge seines Vaters befolgt. (15)
6. Die politische Bildung der Jugend war erfolgreich. (22)
7. Theorien stimmen meistens mit der Wirklichkeit nicht überein. (36)
8. Wir haben uns darauf verlassen, was er gesagt hatte. (43)

C *Aufgaben zur Erweiterung des Wortschatzes und des Ausdrucks.*
1. Nennen Sie die Nomen, die folgenden Verben entsprechen:
   handeln: ...   meinen: ...
   tun: ...   leben: ...
   wünschen: ...   klagen: ...
   sich interessieren: ...   ermahnen: ...
   feststellen: ...   aufbauen: ...
   garantieren: ...   anerkennen: ...
2. Welches sind die Entwicklungsphasen, die ein Mensch im Laufe seines Lebens durchmacht? Beschreiben Sie diese Entwicklungsphasen!
3. Welche Stellung nimmt das Individuum im Laufe seines Lebens in der Gesellschaft ein, in der es jeweils lebt? Beschreiben Sie die soziale Stellung des Einzelnen so, wie Sie sie erkennen!

D *Ergänzen Sie die fehlenden Wörter und Endungen!*
1. Eine wachsende Zahl jung– Leute betätigt . . . heutzutage politisch.
2. Was haben die jungen Leute . . . Sinn?
3. Ich wünsche . . . . . . der Jugend ein noch größer– politisch– Interesse.
4. D– jungen Mann ist sein Wunsch in Erfüllung . . .
5. Wir interessieren . . . . . . Politik.
6. Viele halten Politik . . . ein anrüchiges Geschäft.
7. Du hältst . . . . . . d– Politik heraus.
8. Ich habe . . . Ihre Ermahnungen . . . Herzen genommen.
9. Sind Sie . . . . . . die Folgen Ihrer Handlungsweise im klaren?
10. Gebt den jungen Menschen Hilfen . . . d– Hand!
11. Theorie und Wirklichkeit sind meist nicht miteinander . . . Einklang . . . bringen.
12. Die Lehrlinge erkennen ihr– Lehrherrn . . . Autorität an.
13. Der Vater . . . seinem Sohn die Schwierigkeiten eines Universitätsstudiums vor Augen.
14. Wer Steuern zahlt, soll auch ein Anrecht . . . eine Stimme als Wähler haben.

E
Hat sich die Haltung der Jugend verändert?
Ja, in der Haltung der Jugend ist es zu Veränderungen gekommen.
1. Klagt die ältere Generation über die Jugend?
   Ja, in der älteren Generation . . .

2. Hat sich die politische Aktivität der Jugend gewandelt?
   Ja, in der politischen Aktivität der Jugend...
3. Haben die Jugendlichen wegen der Polizeiaktionen revoltiert?
   Ja, wegen...
4. Bestehen zwischen der jungen und der älteren Generation Konflikte?
   Ja, zwischen... mehrfach...
5. Ist das Wahlalter inzwischen geändert worden?
   Ja, inzwischen...

Man muß der Jugend demokratische Verantwortung zugestehen.
Die jungen Leute sind am besten vor politischer Isolierung zu bewahren, indem man ihnen demokratische Verantwortung zugesteht.

6. Der Sozialkundeunterricht in der Schule muß intensiviert werden.
   Die politische Bildung der Jugend kann gefördert werden, ...
7. Das politische Ideal muß immer kritisch mit der Wirklichkeit verglichen werden.
   Die eigene Meinungsbildung wird am besten geschult, ...
8. Das Wahlalter muß allenthalben auf 18 Jahre herabgesetzt werden.
   Das politische Interesse der Jugend wird günstig beeinflußt, ...

Der Luxus des Gewissens

Erlebnisse und Einsichten im Atomzeitalter

Es besteht eine Gefahr für die Menschheit in der Denkweise der Naturwissenschaftler, weil sie nicht zwischen ihrer Begeisterung für ihre Tätigkeit und deren Nützlichkeit für die Menschheit genügend unterscheiden. Nur so sind mir die Verhaltensweisen vieler Fachgenossen zu erklären, z. B. die von Edward Teller, dem Vater der Wasserstoffbombe.

Die Kehrseite der Angelegenheit scheint mir ziemlich anders auszusehen. Sehr viele der Menschen mit rein humanistischer Bildung, die ich getroffen habe, haben keine blasse Ahnung von wirklichem naturwissenschaftlichem Denken. Sie kennen zwar oft naturwissenschaftliche Tatsachen, sogar verwickelte Dinge, von denen ich kaum gehört habe, doch kennen sie nicht die Wurzeln der naturwissenschaftlichen Methode. Es scheint mir, daß die Befähigung zu fundamentalem naturwissenschaftlichem Denken eine Gabe ist, die nicht gelehrt werden kann.

Doch in praktischen Angelegenheiten, besonders in der Politik, braucht man Leute, welche menschliche Erfahrung und Interesse an menschlichen Beziehungen mit einer Kenntnis der Naturwissenschaften und der Technik in sich vereinigen. Außerdem müssen es Tatmenschen sein und nicht kontemplative Charaktere. Ich habe den Eindruck, daß keine Bildungsmethode Menschen mit all den erforderlichen Eigenschaften hervorbringen kann.

Ich bin von dem Gedanken bedrückt, daß dieser Bruch in der menschlichen Zivilisation, der durch die Entdeckung der naturwissenschaftlichen Methode verursacht wurde, nicht wieder gutzumachen ist. Obwohl ich die Naturwissenschaft liebe, habe ich das Gefühl, daß sie so sehr gegen die geschichtliche Entwicklung und Tradition ist, daß sie durch unsere Zivilisation nicht absorbiert werden kann. Die politischen und militärischen Schrecken sowie der vollständige Zusammenbruch der Ethik, deren Zeuge ich während meines Lebens gewesen bin, sind keine Symptome einer vorübergehenden sozialen Schwäche, sondern eine notwendige Folge des naturwissenschaftlichen Aufstiegs – der an sich eine der größten intellektuellen Leistungen der Menschheit ist. Wenn dem so ist, dann ist der Mensch als freies verantwortungsvolles Wesen am Ende.

Max Born (Nobelpreisträger)

A *Fragen zum Textinhalt:*

1. Worin sieht der Verfasser eine Gefahr für die Menschheit?
2. Welche Forderungen werden an einen Politiker gestellt?
3. Worin unterscheiden sich Menschen mit rein humanistischer Bildung von Menschen mit rein naturwissenschaftlicher Bildung?
4. Welches Bildungsziel erscheint Ihnen im Hinblick auf die im Text erwähnten Gefahren empfehlenswert?

B *Drücken Sie den Inhalt folgender Sätze mit Worten aus dem Text aus!*

1. Die naturwissenschaftliche Denkweise ist für die Menschheit gefährlich. (1)
2. Viele Menschen verstehen überhaupt nichts vom naturwissenschaftlichen Denken. (9)
3. Der Zusammenbruch der Ethik resultiert aus dem naturwissenschaftlichen Aufstieg. (12)
4. Die Befähigung, naturwissenschaftlich zu denken, ist anscheinend angeboren. (14)

C *Aufgaben zur Erweiterung des Wortschatzes und des Ausdrucks.*

1. Nennen Sie Gebiete der Naturwissenschaften und der Geistes- oder Kulturwissenschaften! Wie bezeichnet man die Personen, die sich mit den jeweiligen Wissenschaftsgebieten beschäftigen?
2. Welche wissenschaftlichen Arbeitsmethoden kennen Sie?
3. Welches sind die Objekte der von Ihnen genannten wissenschaftlichen Disziplinen?

D *Ergänzen Sie die fehlenden Wörter und Endungen!*

1. Es gibt Wissenschaften, die ... die Menschen ... eine– Gefahr werden können.

2. Er ist ein Mensch ... rein naturwissenschaftlich– Bildung.
3. Wir haben keine Ahnung ... d– politischen Zusammenhängen.
4. Die junge Dame besitzt eine große Befähigung ... Schauspielkunst.
6. Mich bedrückt der Gedanke, ... die Fehler nicht mehr gutzumachen ...
7. Haben Sie Erfahrung ... d– Leitung von Diskussionen?
8. Wir haben gute Beziehungen ... ausländisch– Fachkollegen.

E *Negation*

1. Besteht für die Menschheit Gefahr?
   Nein, zur Zeit ...
2. Können Sie sich das Verhalten Ihres Kollegen erklären?
   Nein, ich ...
3. Hast du eine Ahnung von technischen Dingen?
   Nein, leider ...
4. Haben Sie eine humanistische Bildung genossen?
   Nein, ich ...
5. Habt ihr Interesse an technischen Dingen?
   Nein, wir ...
6. Haben Sie den Eindruck, daß das Forschungsprogramm erfolgversprechend ist?
   Nein, leider ...
7. Bedrückt dich der Gedanke, daß die moderne Wissenschaft zur Gefahr werden könnte?
   Nein, mich ...
8. Haben Sie das Gefühl, daß die Naturwissenschaft gegen die geschichtliche Entwicklung und Tradition ist?
   Nein, ich ...
9. Ist der Mensch als freies verantwortungsvolles Wesen am Ende?
   Nein, der Mensch ...
10. Sieht die Situation jetzt besser aus als vorher?
    Nein, sie ...

Der Treueid ohne „Gottes Hilfe"?

Der Treueid des Bundesbeamten und des Soldaten als hergebrachte Formen staatlicher Inpflichtnahme ist bei den Verpflichteten nicht länger unumstritten. Ältere Beamte erinnern sich, daß sie im Laufe ihres Berufslebens eine Vielzahl von Eiden schwören mußten, die einander zum
5 Teil inhaltlich ausschlossen, die im NS-Staat sogar die feierliche Verpflichtung auf das Unrecht als System und seinen obersten Repräsentanten Hitler beinhalteten. Sie zweifeln deshalb, ob der Staat als Zweckverband zur Gewährleistung geordneten menschlichen Zusammenlebens überhaupt das Recht habe, seine Diener anders und mit einem höheren Anspruch zu
10 verpflichten, als er es mit einem ganz gewöhnlichen Anstellungsvertrag könnte. Der Kern dieses Zweifels wird vor allem beim militärischen Gelöbnis sichtbar, wie es die Soldaten der Bundeswehr unter grundsätzlicher Berufung auf Gottes Hilfe ablegen müssen. Ihr Eid lautet: „Ich schwöre, der Bundesrepublik Deutschland treu zu dienen und das Recht
15 und die Freiheit des deutschen Volkes tapfer zu verteidigen, so wahr mir Gott helfe." Die religiöse Beteuerung ist hierbei die Regelform. Nur auf besonderes Verlangen wird der Soldat davon befreit. Er muß deshalb, wenn er nicht religiös schwören will, mit dem Befreiungsverlangen de facto seine atheistische oder agnostische Überzeugung bekennen – ein
20 mittelbarer Bekenntniszwang, der mit dem Grundrecht der Bekenntnisfreiheit nur schwer zu vereinbaren ist. Es erscheint bemerkenswert, daß die Forderung nach Abschaffung zumindest der religiösen Eidesformel nicht aus areligiösen Kreisen der Bundeswehr stammt, sondern nahezu einhellig von den – evangelischen – Militärseelsorgern selbst erhoben wird:
25 In einer weltanschaulich neutral verfaßten Gesellschaft stelle die Inanspruchnahme Gottes für die Begründung staatlicher Dienstpflichten eine Unredlichkeit dar, die sich überdies theologisch nicht begründen lasse. Die Militärpfarrer, so hieß es unlängst auf der Gesamtkonferenz der evangelischen Militärseelsorge, fühlten sich mißbraucht, wenn sie diesem
30 „pseudo-religiösen Staatsakt Schützenhilfe leisten sollen".

Die zur Gestaltung des Dienstrechts berufenen Gesetzgebungsorgane sollten in solcher Kritik keine Illoyalität der Staatsdiener, sondern einen Anstoß zu sorgsamer Prüfung sehen, ob der Staat des 20. Jahrhunderts

wirklich noch die Befugnis hat, nach Art des Gottesgnadentums seinen
Anspruch auf Menschendienst metaphysisch zu sanktionieren, mit oder　35
ohne religiöse Formel.

Hans Schueler

A *Fragen zum Textinhalt:*

1. Welche Rolle spielt der Eid noch heutzutage in der modernen Gesellschaft?
2. Was spricht für und was spricht gegen die Beibehaltung der Eidesleistung?
3. Können Sie beweisen, daß z. B. ein Mensch, der den Staat vielleicht ablehnt, durch den Diensteid ein treuer Staatsdiener wird?

B *Drücken Sie den Inhalt folgender Sätze mit Worten aus dem Text aus!*

1. Man ist sich über die Beibehaltung der Eidesleistung nicht mehr einig. (3)
2. Viele Eide, die geleistet werden, haben auch die Verpflichtung auf Unrecht zum Inhalt. (7)
3. Ist der Staat berechtigt, eine Eidesleistung zu erzwingen? (9)
4. Der Zwang zum Bekenntnis seiner Weltanschauung ist mit dem Grundgesetz unvereinbar. (21)

C *Aufgaben zur Erweiterung des Wortschatzes und des Ausdrucks.*

1. Verwenden Sie folgende Wörter und Ausdrücke in Sätzen!
   schwören – einen Schwur tun – einen Eid leisten – einen Meineid leisten;
   verpflichten – verlangen – zwingen;
2. Was verstehen Sie unter folgenden Ausdrücken? Erklären Sie sie an Beispielen!
   Inpflichtnahme – Inanspruchnahme;
   Gewährleistung – Befreiungsverlangen;
   Bekenntniszwang – Bekenntnisfreiheit

D *Ergänzen Sie die fehlenden Wörter und Endungen!*

1. Der Beamte erinnert ..., daß er ... Laufe seines Berufslebens viele Eide ... mußte.
2. Er wurde ... Geheimhaltung verpflichtet.

3. Hat niemand das Recht, d– Eid ... verweigern?
4. Ein Beamtenanwärter wird nicht ... Diensteid befreit.
5. Bekenntniszwang ist nicht ... d– Grundgesetz vereinbar.
6. Staatliche Dienstpflichten lassen ... nicht theologisch begründen.
7. Ein Beamter ist ... Diensteid verpflichtet.
8. Der Angestellte hat ... d– Firma einen Anstellungsvertrag ...

E
Kann der Beamte von seiner Geheimhaltungspflicht entbunden werden?
Das Gericht muß noch prüfen, ob der Beamte von seiner Geheimhaltungspflicht entbunden werden kann.

1. Hat der Staat das Recht, jemanden mit einem Eid zu verpflichten?
   Viele bezweifeln, ...
2. Läßt sich ein Bekenntniszwang mit dem Grundgesetz vereinbaren?
   Wir haben starke Zweifel, ...
3. Soll in den Vertrag eine Verschwiegenheitsklausel aufgenommen werden?
   Es muß noch geprüft werden, ...
4. Hat der Zeuge einen Meineid geschworen?
   Es wird untersucht, ...

Ein Beamter muß seinem Staat treu dienen.
Ein Beamter ist verpflichtet, seinem Staat treu zu dienen.
Ein Beamter hat die Pflicht, seinem Staat treu zu dienen.

5. Der Staatsanwalt muß die Interessen der Öffentlichkeit wahrnehmen.
   Der Staatsanwalt ist beauftragt, ...
   Der Staatsanwalt hat den Auftrag, ...
6. Das Gericht kann einen Zeugen zur Eidesleistung zwingen.
   Das Gericht ist berechtigt, ...
   Das Gericht hat das Recht, ...
7. Die Polizei soll die öffentliche Ordnung überwachen.
   Die Polizei hat die Aufgabe, ...

Kultur und Zivilisation

Kultur ist eine Stufe der Entwicklung, die zu erklimmen dem Tier unmöglich ist. Es ist ein Erbe, das unsere Väter für uns errungen haben, samt der Fähigkeit, es zu bewahren und zu mehren. Aber es ist kein *biologisches* Erbe. Das Kind eines Kulturvolkes hätte nicht teil an dessen Bildung, wenn es unter Wilden aufwachsen müßte. Nur durch Weitergabe von Geschlecht zu Geschlecht lebt die Kultur unter uns fort. Sie ist nicht an Gene und Chromosomen gebunden, hat allerdings jene großartige Genkombination zur Voraussetzung, die den Menschen vom Tier unterscheidet. Nur ein Wesen wie er, dessen Hände frei sind zu schöpferischem Tun und dessen Geist nicht eingeengt ist durch angeborene Gedanken, sondern sich in jedem einzelnen neu entfaltet, kann Kulturträger sein. Kultur beruht auf der Ausnutzung von Möglichkeiten, die durch die Menschwerdung entstanden sind.

Die Wörter „Kultur" und „Zivilisation" werden oft als gleichbedeutend angesehen und vertreten einander in manchen Sprachen. Im Deutschen besteht aber ein nicht immer beachteter Unterschied: Kultur im engeren Sinne ist *Sein,* Zivilisation dagegen *Besitz.* Beide Begriffe bedeuten Ordnung und Beherrschung. Aber Zivilisation geht darauf aus, uns die Stoffe und Kräfte in unserer *Umwelt* zu unterwerfen; Kultur ist Geordnetsein und Beherrschtheit des Geschehens *in uns selbst.*

Man kann nicht sagen – wie es hier und da geschieht –, Zivilisation gehe der Kulturentwicklung voraus, sei ihre erste Stufe oder ihre Vorbedingung. Wenn man an unsere Klassiker oder andere Führer der Menschheit denkt, ist es nicht schwer, sich eine hohe Kultur vorzustellen, die mit bescheidener Zivilisation gepaart ist. Umgekehrt wissen wir nur zu gut, daß selbst das höchste Raffinement der Zivilisation keine Gewähr für die Kulturstufe der Personen bietet, die damit prunken.

Zivilisation ist etwas Äußerliches, sie ist leider vereinbar mit Roheit und Grausamkeit, mit Sklavenhaltung und Eroberungskriegen, mit der Ausbeutung von einzelnen und ganzen Völkern. Sie ist auch nicht etwas *an sich* Erstrebenswertes, sondern nur ein *Mittel* zur Sicherung und Verbreitung der Kultur. Wir müssen die Natur beherrschen, um uns Wege zur Kultur zu erschließen. Einsparung von Arbeit und Arbeitszeit, Sicherung gegen Not und Unrecht, Vervollkommnung des Unterrichtswesens, Erleichterung des Reisens, Buchdruck und alle Möglichkeiten der Wiedergabe von Bild, Ton und Form – dies und unzähliges andere kann und soll der Kultur dienen.

Umgekehrt ist Zivilisation ohne kulturellen Rückhalt auf die Dauer gar nicht lebensfähig. Hohe zivilisatorische Leistungen können nur vollbracht werden, wo eine gewisse Kultur besteht. Dann allerdings scheinen sie eine Weile weiterexistieren zu können. Aber alles in allem ist Zivilisation kein echter Ausdruck von Kultur, sondern nur ein äußerliches und manchmal täuschendes Kennzeichen. Zivilisation kann *geschenkt* werden, Kultur will *erarbeitet* sein.

„Kultur" im engeren Sinne ist im wesentlichen gleichzusetzen mit „Bildung", doch nicht mit Bildung des Geistes allein. *Geistesbildung* beruht auf der Aneignung von Wissen, auf Schulung des Denkvermögens und Übernahme guter Denkgewohnheiten. Zur wahren Kultur gehört ebensosehr die *Gesittung*, die durch Ausbildung *seelischer* Anlagen, durch Beherrschung und Veredlung des Trieblebens erreicht wird. Und endlich darf, wie die Griechen wußten und die Menschen heute, im Zeitalter des Sports, wieder erkennen, die *Kultur des Körpers* nicht fehlen, seine Pflege und Gesunderhaltung, die Vermeidung von Verbildungen, der Schutz gegen Ansteckungen und Genußgifte, die Beherrschung der Muskeln durch Übung usw.

Alles dies sind – biologisch gesehen – nur „*Modifikationen*", die das Erbgut nicht berühren. Aber es ist für den Menschen als Organismenart charakteristisch, daß sie trotzdem – wiewohl auf ganz andere Weise – „vererbt" werden. Auch hier prägt Ordnung sich ab, doch diesmal nicht durch Zellteilungen, sondern durch *Erziehung, Vorbild* und andere Formen der *geistigen* Überlieferung. Nur weil jeder Mensch sich die Welt in seinem Innern selber baut, wie er sie sieht und wie er sie gestalten möchte – nur darum ist Kultur möglich, Weitergabe der großen Gedanken, Erhaltung des großen Erbes der Menschheit.

Gerhard v. Frankenberg

A *Fragen zum Textinhalt:*

1. Was sind die Voraussetzungen zur Entwicklung einer Kultur?
2. Wie sind die Begriffe ‚Kultur' und ‚Zivilisation' im Deutschen zu unterscheiden?
3. Welches sind die Grundlagen einer Kultur?
4. Warum ist Zivilisation ohne eine gewisse Kultur nicht denkbar?
5. Wie läßt sich die Entwicklungsstufe ‚Kultur' erreichen?

B *Drücken Sie den Inhalt folgender Sätze mit Worten aus dem Text aus!*

1. Im Deutschen werden die Wörter ‚Kultur' und ‚Zivilisation' in ihrer Bedeutung unterschieden. (16)
2. Kultur ist nicht von Genen und Chromosomen abhängig. (7)
3. Kultur setzt eine Genkombination voraus. (8)
4. Zivilisation ist nur äußerlich. (28)

C *Aufgaben zur Erweiterung des Wortschatzes und des Ausdrucks.*

1. Welche im Text genannten Begriffe beziehen sich auf biologische Erscheinungen?
2. Welche Begriffe beziehen sich auf die geistige Entwicklung des Menschen?
3. Geben Sie Beispiele, die Sie für Merkmale der Kultur halten!
4. Geben Sie Beispiele, die Sie für Merkmale der Zivilisation halten!

D *Ergänzen Sie die fehlenden Wörter und Endungen!*

1. Kultur lebt nur durch Weitergabe ... Geschlecht ... Geschlecht fort.
2. Kultur beruht ... d– Ausnutzung von Möglichkeiten, die ... die Menschwerdung entstanden sind.
3. Es stimmt nicht, ... man sagt, Zivilisation gehe d– Kultur voraus.
4. Ohne kulturellen Rückhalt ist Zivilisation ... d– Dauer gar nicht denkbar.
5. Gesittung wird ... Ausbildung seelischer Anlagen und ... Beherrschung und Veredlung des Trieblebens erreicht.

E
Zivilisation geht der Kulturentwicklung voraus.
Man kann nicht sagen, Zivilisation gehe der Kulturentwicklung voraus.

1. Kultur ist ein biologisches Erbe.
   Man kann nicht sagen, ...
2. Zivilisation ist die Vorbedingung der Kultur.
   Man kann nicht sagen, ...
3. Man kann auf die Schulung des Denkvermögens verzichten.
   Man kann nicht sagen, ...
4. Die Pflege des Körpers und seine Gesunderhaltung gehört nicht zur Kultur.
   Man kann nicht sagen, ...

Man spricht von Einsparung von Arbeitszeit.
Man spricht davon, daß Arbeitszeit eingespart werden soll.

5. Man spricht von Erleichterungen des Reiseverkehrs.
   ...
6. Man spricht von der Schulung des Denkvermögens der Kinder.
   ...
7. Man spricht von der Ausbildung seelischer Anlagen bei jungen Menschen.
   ...
8. Man spricht vom Schutz der Bevölkerung gegen ansteckende Krankheiten.
   ...
9. Man spricht von der Weitergabe der kulturellen Leistungen der Nation an die Jugend.
   ...

Zivilisation ist nur äußerlich.
Zivilisation ist etwas Äußerliches.

10. Kultur ist erstrebenswert.
    Kultur ist ...
11. Das Triebleben der Menschen ist natürlich.
    ...
12. Die Schulung des Denkvermögens ist für die Erziehung wichtig.
    ...
13. Geistesbildung ist für alle Menschen erstrebenswert.
    ...

Künstlerische Maßstäbe

So wie der Zustand des Menschen nur beurteilt werden kann an dem Vergleich mit einem gültigen Bild vom Menschen, so kann auch der Zustand der Kunst – im ganzen, wie in jedem einzelnen Kunstwerk – nur beurteilt werden durch das Messen an einer gültigen Idee vom Kunstwerk. Um künstlerisch zu werten, muß man eine feste Vorstellung von dem besitzen, was das Kunstwerk ist und sein soll. Kunstkritik wie Kunstgeschichte müssen zur Basis eine begründete und tiefe Lehre vom Kunstwerk haben.

Es ist hier nicht der Ort zu zeigen, welche typischen Auffassungen vom Kunstwerk heute – offen ausgesprochen oder versteckt vorausgesetzt – miteinander ringen und welcher von ihnen der größte Wahrheitsgehalt zukommt. Manches ist unterwegs sichtbar geworden. Es ist kein Zweifel, daß, so wie die Lehre vom Menschen, auch die Lehre vom Kunstwerk bedeutende Fortschritte gemacht hat und wieder viel tiefer geworden ist; doch sind die Ergebnisse noch nicht in die Allgemeinheit, ja kaum in die Wissenschaft gedrungen.

Es muß unbedingt festgehalten werden, daß – so wie das Wesen des Menschen zu allen Zeiten eines ist – auch das Wesen der Kunst zu allen Zeiten dasselbe ist, mögen ihre Äußerungen auch noch so verschieden aussehen. Dagegen sind ihre Gefährdungen zu verschiedenen Zeiten ganz verschiedene und hängen eng mit den Aufgaben zusammen, die sich die Kunst zu jeder Zeit stellt.

Es ist nicht möglich, die Kunst unserer Zeit richtig zu bewerten, wenn man an sie statt für alle Zeiten gültige Maßstäbe den einer bestimmten Kunstepoche anlegt. Das aber geschieht immer wieder.

Die Kunst darf nicht gemessen werden an einer vermeintlichen „Naturgetreuheit" oder „Richtigkeit" der Darstellung, denn es ist ein längst erkannter Irrtum, daß die Kunst aller Epochen die Natur nachbilde oder auch „stilisiere". Wo der Gegenstand der Darstellung für die Kunst die übersinnliche Welt ist, von der es keine natürliche Erfahrung gibt, wäre die Forderung nach Naturtreue sinnlos; dort kommt es vielmehr darauf an, durch Bildzeichen eigener Art die Sphäre des Übersinnlichen zu vermitteln oder aufzuschließen. Aber ebenso sinnlos ist es zum Beispiel dort, wo Darstellungsgegenstand der Kunst die Welt des Traumes ist, zu fordern, daß ihre Werke mit der alltäglichen Wirklichkeit übereinstimmen. Diese Richtungen der Kunst des 19. und 20. Jahrhunderts zu messen an Kunstformen des 16., 17. oder 18. Jahrhunderts, in denen Naturgetreuheit (in einem bestimmten Sinn) angestrebt wurde, wäre vollkommen verkehrt, und die besonderen Leistungen der Epoche würden dabei ebenso verkannt, wie wenn man an die Kunst des Hochmittelalters Maßstäbe der anthropomorphen Kunstepochen anlegen wollte. Viele, die bereit sind, das für eine ottonische Miniatur zuzugeben, weigern sich noch, es für „naturferne" Kunstwerke unserer Zeit einzusehen.

Aber gerade in der Entwicklung völlig neuer Bildmittel, die den neuen und unerhörten Gegenständen angemessen sind, hat die Kunst des 19. und 20. Jahrhunderts Außerordentliches geleistet. Wir müssen das bedenken und „die sittliche Leistung bewundern, die diesen Künstlern die Kraft verlieh, meist mißverstanden und verdächtigt, lieber ihren Idealen der Kunst zu dienen als den bequemen Verlockungen eines unkünstlerischen Zeitgeistes nachzugehen" (von Einem), dessen Ideal die kolorierte Photographie war. Auch liegt große Kunst oft gerade in der Art, wie das Toteste, Chaotischste und Abstoßende noch in die Sphäre des Lebens, der Ordnung, der Schönheit oder des Humors erhoben wird.

Diese Sonderleistungen der modernen Jahrhunderte muß man auch dann behaupten, wenn man zugeben kann, daß die anthropomorphen Epochen der Weltgeschichte, wie die griechische, die Gotik, die Renaissance und der Barock, besonders begünstigte Epochen der Kunst sind, begünstigt durch die warme Bindung von menschlichem und künstlerischem Wert, die sich im 19. und 20. Jahrhundert so oft feindlich und unausgleichbar gegenüberstehen.

Allgemein dürfen Kunstwerke nicht gemessen werden an dem, *was* sie darstellen. Die Darstellung von Häßlichem an sich für unkünstlerisch zu halten, ist weit verbreitete Irrmeinung eines Banausentums, das nicht wahrhaben will, daß auch Häßliches und Furchtbares „im Lichte des Schönen" gezeigt werden kann – obwohl es genügen müßte, an Grünewald, Bosch und Bruegel zu denken. Neben ihr steht jene „furchtbar mediokre Auffassung, die Kunst habe die Aufgabe, aus der Prosa Poesie zu machen, das an sich Häßliche oder an sich Indifferente zu verschönen oder mehr noch, es zu verschönern". Diese Auffassung gehört selbst noch durchaus zum Geist der Epoche, den sie ablehnt. Denn „der Künstler, der das

Schöne an sich darstellen, schöne Bilder malen, schöne Musik machen will, ist auf dem Wege zu einem Abgrund, der aus Reaktion den anderen herbeirufen kann: das Häßliche an sich darzustellen, häßliche Bilder zu malen, häßliche Musik zu machen. Ein Experiment, das uns glücklicherweise nicht erspart worden ist" (Th. Haecker).

Es ist eine sehr große Verwirrung und Verirrung, wenn die Kunst, irregeleitet durch die unleugbare Erfahrung und Tatsache, daß sie ihr geheimes Leben im Schönen hat, den Schluß zieht, sie müsse nun direkt „das Schöne" an sich schaffen und machen, „den Glanz materialisieren, statt die Materie zu verklären".

Hans Sedlmayr

A *Fragen zum Textinhalt:*

1. Wann kann man ein Kunstwerk beurteilen?
2. Welche Maßstäbe müssen bei der Beurteilung eines Kunstwerkes angelegt werden?
3. Welche Meinung vertritt der Verfasser gegenüber Künstlern, die nur das Schöne darstellen wollen?
4. Welche Meinung gegenüber der Kunst vertreten Sie?

B *Drücken Sie den Inhalt folgender Sätze mit Worten aus dem Text aus!*

1. Die Kunst unserer Zeit kann nicht nach einer bestimmten Kunstepoche bewertet werden. (23)
2. Der Zustand der Kunst läßt sich nur durch das Messen an einer gültigen Idee vom Kunstwerk beurteilen. (4)
3. Zweifellos hat die Lehre vom Kunstwerk Fortschritte gemacht. (12)
4. Die Leistungen der modernen Kunst werden häufig nicht erkannt. (40)

C *Aufgaben zur Erweiterung des Wortschatzes und des Ausdrucks.*

1. Welche Kunstgattungen kennen Sie? Nennen Sie auch einen Ihnen bekannten Vertreter jeder Kunstgattung!
2. Mit welchem Material arbeitet man in den verschiedenen Kunstgattungen?

3. Welche Kunstrichtungen kennen Sie?
4. Wie bezeichnet man die Vertreter der verschiedenen Kunstrichtungen?

D *Ergänzen Sie die fehlenden Wörter und Endungen!*

1. Es muß da– festgehalten werden, daß das Wesen der Kunst ... all– Zeiten dasselbe ist.
2. Es ist ein Irrtum, daß die Kunst all– Epochen die Natur nachbilde.
3. Kunstwerke stimmen nicht ... d– alltäglich– Wirklichkeit überein.
4. Die Kunst des 20. Jahrhundert– hat Außerordentlich– geleistet.
5. Kunst liegt auch in der Art, wie das Chaotisch– und das Abstoßend– dargestellt wird.
6. Die Darstellung von Häßlich– muß nicht unkünstlerisch sein.
7. Auch Häßlich– und Furchtbar– wird von der Kunst dargestellt.
8. In der Kunst gilt es, das an sich Häßlich– oder an sich Indifferent– zu verschönen.
9. Ein wirklicher Künstler wird nicht nur das Schön– an sich schaffen.

E
Die Lehre vom Kunstwerk hat bedeutende Fortschritte gemacht.
Es ist kein Zweifel, daß die Lehre vom Kunstwerk bedeutende Fortschritte gemacht hat.

1. Auch das Häßliche und Furchtbare kann im Lichte des Schönen gezeigt werden.
   Es ist kein Zweifel, ...
2. Man muß eine feste Vorstellung vom Kunstwerk haben, wenn man künstlerisch werten will.
   Es ist kein Zweifel, ...
3. Das Wesen der Kunst ist zu allen Zeiten dasselbe.
   Es ist kein Zweifel, ...

Die Kunst aller Epochen bildet die Natur nach.
Es ist ein Irrtum, daß die Kunst aller Epochen die Natur nachbilde.

4. Der Künstler muß „das Schöne" an sich schaffen.
   Es ist ein Irrtum, ...

5. Die Kunstwerke müssen mit der alltäglichen Wirklichkeit übereinstimmen.
   Es ist ein Irrtum, ...
6. Ein Kunstwerk darf nur an dem gemessen werden, was es darstellt.
   Es ist ein Irrtum, ...

Man kann den Zustand der Kunst beurteilen.
Es ist möglich, den Zustand der Kunst zu beurteilen.

7. Man kann die Kunst unserer Zeit richtig bewerten.
   Es ist möglich, ...
8. Man kann durch Bildzeichen eigener Art die Sphäre des Übersinnlichen aufschließen.
   Es ist möglich, ...
9. Man kann Kunstwerke nicht an dem messen, was sie darstellen.
   Es ist nicht möglich, ...
10. Man kann auch Häßliches und Furchtbares im Lichte des Schönen zeigen.
    Es ist möglich, ...

Kunsthandel

Heute ist nicht nur der Verkauf von Kunstwerken ohne Kunsthandel fast unmöglich, sondern Kunstwerke haben auch keinen „Wert", solange dieser nicht vom Kunsthandel notiert wird. Das hat eine ganze Reihe von Konsequenzen für die Kunst selbst, die vielleicht heute besonders deutlich zutage treten, aber im System seit Beginn des neunzehnten Jahrhunderts bereits zugrunde gelegt waren. Einmal spekuliert der Kunsthändler auf einen Sammler, der, vom Beispiel der Impressionisten-Käufer angeregt, sich mit Kunst eine Kapitalanlage schaffen will. Dabei findet das ausgefallene Einzelwerk eines Meisters kein Interesse, es sei denn, daß die übrige gleichbleibende Produktion bereits so bekannt ist, daß man sich auf eine solche „Fehlleistung" (im Sinne der Popularität) mit besonderem Interesse stürzt. Der Kunsthändler benötigt für eine wirkungsvolle Ausstellung also eine große Zahl ähnlicher Bilder, die er nur dann erreichen kann, wenn er den Künstler auf einer Entwicklungsstufe möglichst lange festhält, also eine konsequente Genese verhindert oder zumindest verzögert. Er zwingt damit den Künstler zur seriellen Produktion im Sinne einer möglichst großen Zahl von Varianten eines Bildtyps, mit dem der Künstler nun identifizierbar wird. Einem mir bekannten Maler gab einmal ein Kunsthändler den Rat, „solange das gleiche zu malen, bis das Publikum es gefressen habe", d. h. Bilder dieses Malers sofort als die seinigen identifizieren kann, denn das „Wiedererkennen" spielt in der Käuferpsychologie eine große Rolle und bewirkt – nach entsprechender Unterstützung durch Publikationsmittel, daß Sammler (und sogar Museen) „auch so einen" haben möchten.

Hinzu kommt, daß die Kunsthändler aus praktischer Markterfahrung auch die Kunstproduktionen selbst zu steuern (manipulieren) beginnen. Sie wissen, welche Art von Kunst gekauft werden wird, und nehmen unbekannte Künstler unter Vertrag, die in diese Richtung tendieren und die sie entsprechend vorfinanzieren. Mit Methoden, die denen des Vertriebs von Waschmitteln oder Zahnpasta nicht unähnlich sind, wird der Markt vorbereitet: sobald ein genügender Vorrat von Bildern bereitliegt, werden diese in den Filialen großer Kunsthändler zugleich in allen Hauptstädten der Alten und der Neuen Welt gezeigt und entsprechend propagiert. Das Auftauchen eines Bildes in einer bedeutenden Privatsammlung bewirkt den Kaufanreiz anderer Sammler usw. Schließlich spielt dann auch der Konkurrenzkampf zwischen den Kunsthändlern eine Rolle, indem diese versuchen, möglichst bald eine neue Richtung zu propagieren und die der Konkurrenz „außer Kurs" zu setzen. Damit erlebt dann auch der Künstler, der soeben noch gut mit seinen Bildern verdient hat, eine „Baisse". Die kleinen Kunsthändler, die keine Möglichkeit haben, mit ihrem Kapital den Markt zu bestimmen, passen sich zu ihrem Vorteil den vorgegebenen Kurswerten an und führen unbekannte Künstler, die den großen aktuellen Richtungen entsprechen.

Hans H. Hofstätter

A *Fragen zum Textinhalt:*

1. Wodurch wird der Wert eines Kunstwerkes im Kunsthandel bestimmt?
2. Welche negativen Einflüsse kann der Kunsthandel auf einen Künstler haben?
3. Aus welchen Gründen beschaffen sich Käufer über den Kunsthandel Kunstwerke?
4. Kann man bei einem Käufer von Kunstwerken immer ein Kunstverständnis voraussetzen? Begründen Sie Ihre Ansicht!
5. Welche Vorteile können unbekannte Künstler durch den Kunsthandel erwarten?

B *Drücken Sie den Inhalt folgender Sätze mit Worten aus dem Text aus!*

1. Ohne den Kunsthandel lassen sich Kunstwerke nicht verkaufen. (2)
2. Es haben sich eine Reihe von Konsequenzen gezeigt. (5)
3. Der Kunsthändler rechnet auf Sammler, die ihr Geld in Kunstwerken anlegen wollen. (8)
4. Einige Werke des Malers interessieren niemanden. (9)
5. Die Laien haben noch nicht verstanden, was der Künstler mit seinem Bild aussagen will. (Umgangssprache!) (20)
6. Der Kunsthändler hat mit dem Maler einen Vertrag abgeschlossen. (28)
7. Der Kunstsammler möchte auch gerne einen Picasso besitzen. (24)
8. Es sind genügend Bilder vorrätig. (31)

C *Aufgaben zur Erweiterung des Wortschatzes und des Ausdrucks.*

1. Welche Arten von Kunstwerken kennen Sie?
2. Wie nennt man die Künstler, die diese Kunstwerke schaffen? Wie bezeichnet man ihre Kunstausübung?
3. Welche Kunstrichtungen kennen Sie?

D *Ergänzen Sie die fehlenden Wörter und Endungen!*

1. Der Kunsthändler spekuliert ... ein– Sammler, der ... mit Kunst eine Kapitalanlage schaffen will.
2. Die Kunsthändler zwingen erfolgreiche Künstler oft ... seriellen Produktion ihrer erfolgreichen Bildtypen.
3. Künstler werden häufig ... bestimmten Bildtypen identifiziert.
4. Der Kunsthändler hat einen Künstler ... Vertrag genommen.
5. Viele Künstler verdienen ... ihren Bildern sehr gut.
6. Der Kunsthändler benötigt ... seine Ausstellung noch eine Reihe ... Bildern.

E

Das neue Werk eines Künstlers findet kein Interesse, wenn es nicht seinen anderen Werken gleicht.

Das neue Werk eines Künstlers findet kein Interesse, es sei denn, daß es seinen anderen Werken gleicht.

1. Kunstwerke sind heutzutage schwer zu verkaufen, wenn nicht ein Kunsthändler den Verkauf übernimmt.
   . . .
2. Die Kunstausstellung kann nicht stattfinden, wenn die Stadtverwaltung keinen geeigneten Raum zur Verfügung stellt.
   . . .
3. Ein unbekannter Maler kann seine Werke nicht verkaufen, wenn er sich nicht dem Publikumsgeschmack anpaßt.
   . . .

Kunstwerke werden hauptsächlich durch den Kunsthandel verkauft.
Wovon ist die Rede? – Vom Verkauf von Kunstwerken durch den Kunsthandel.

4. Der Wert eines Kunstwerkes wird vom Kunsthandel notiert.
   Wovon ist die Rede? – Von . . .
5. Im Haus der Kunst sind Werke der modernen Malerei ausgestellt worden.
   Wovon ist die Rede? – Von . . .
6. Der Kunsthandel manipuliert die Kunstproduktion.
   Wovon ist die Rede? – Von . . .
7. In einer Privatsammlung ist ein unbekanntes Bild eines berühmten Malers aufgetaucht.
   Wovon ist die Rede? – Von . . .

Der Maler kann seine Werke nur über den Kunsthandel verkaufen.
Von wem ist die Rede? – Von dem Maler, der seine Werke nur über den Kunsthandel verkaufen kann.

8. Die Kunsthändler spekulieren auf die Sammler, die sich mit Kunst eine Kapitalanlage schaffen wollen.
   Von wem ist die Rede? – Von . . .
9. Der Direktor der Kunstgalerie hat auf der Kunstauktion einen Klee ersteigert.
   Von wem ist die Rede? – Von . . .
10. Einige junge Bildhauer haben ihre Werke in der Kunstausstellung ausgestellt.
    Von wem ist die Rede? – Von . . .

Warnung an Kunstfreunde

Das Landgericht München I, 2. Kammer für Handelssachen, fällte kürzlich ein Urteil, das in Kunsthändler- und Kunstsammlerkreisen Unruhe stiftete. Corpus delicti war ein ramponiertes altes Ölgemälde: „Ansicht eines befestigten Hafens mit Resten antiker Kultur".
Der Münchner Kunsthändler Alois Uhlik hatte es mit einem Gutachten aufgewertet, unter dem der Name eines bekannten Kunstwissenschaftlers, Geheimrat Professor Zimmermann, stand. Der ehemalige Generaldirektor der Staatlichen Museen in Berlin hatte gegen angemessenes Honorar mit Unterschrift und Stempel bestätigt, daß er das Bild für eine Arbeit des italienischen Meisters Domenico Guardi (1678–1716) halte: „Domenico Guardi war der Vater von Gianantonio und Francesco Guardi. In dem vorliegenden Bilde ist gewissermaßen das Skelett gegeben, das die Söhne, vor allem Francesco, mit Fleisch und Blut zum Leben bringen wollten. Schon aus diesem Grunde ist das Gemälde des Vaters von Interesse."
Mit diesem Lobspruch konnte der Münchner Kunsthändler das aufpolierte Objekt an einen Lindauer Teppichhändler verkaufen, der einen wertvollen Keschan-Teppich als Sicherheit für den verabredeten Kauf hinterlegte. Der Teppichhändler gab das Bild an einen Bauunternehmer weiter, der es aber sofort zurückschickte. Er hatte notdürftig übermalte Stellen entdeckt. Als wegen der Mängelrügen ein Rechtsstreit entbrannte, stellte das Kunstuntersuchungslabor der Bayerischen Staatsgemäldesammlungen, das Doerner-Institut, fest: „Der Erhaltungszustand ist so außergewöhnlich schlecht, daß man das Bild als wertlose Ruine bezeichnen muß, die durch ausgiebige Übermalungen und Retuschen optisch notdürftig zusammengehalten wird. Dieser Zustand dürfte die stilistische Einordnung oder gar Zuschreibung an einen bestimmten Maler sehr erschweren." Das Gerichtsurteil lautete aber trotzdem: Der Käufer muß zahlen. Das Landgericht spricht mit aller Deutlichkeit aus, daß „Zuschreibungen in Form sogenannter Expertisen" nicht ernstgenommen werden dürfen.
Nach Ansicht der Justiz wird „mit der Zuschreibung im Kunsthandel nicht die Echtheit zugesichert, sondern die Gewährleistung geradezu aus-

geschlossen". So eindeutig hat bisher noch kein deutsches Gericht bekundet, wie wertlos Expertisen sind.

Außerdem steht in dem Urteil der fundamentale Satz, auf den sich jeder unseriöse Händler berufen kann, der unwissende Amateure mit viel zu hohen Preisen hereinlegt: „Auf den Verkehrswert des Bildes kommt es ... nicht an, weil es sich weder um eine Eigenschaft noch um einen Fehler handeln kann, wenn der vereinbarte Preis zu hoch ist."

Der Verteidiger des enttäuschten Ruinen-Käufers, Rechtsanwalt Dr. Laszlo Miklos in München, findet das Urteil – nicht ohne Ironie – aus einer besonderen Perspektive „hochinteressant". Der wegen seiner Tüchtigkeit in schwierigen Wirtschaftsangelegenheiten von allen möglichen Geschäftsleuten in Anspruch genommene Anwalt vertritt in mehreren schwebenden Verfahren eine Gruppe von Kunsthändlern, die zweifelhafte Gemälde zu stark erhöhten Preisen verkauft haben.

Der Anwalt hat es jetzt schriftlich: Jeder kann für Kunst verlangen, was die Käufer zu zahlen bereit sind. Die Expertise hat den Wert einer Meinung, die von einem anderen Experten nicht gebilligt werden muß; die Zuschreibung an einen bestimmten Maler schließt die Haftung sogar aus, weil darin ein Zweifel zum Ausdruck kommt. „In dem Urteil sehe ich eine Warnung an alle Amateure", sagt Anwalt Dr. Miklos. „Wehe den Gutgläubigen!"

Peter Benedix

A *Fragen zum Textinhalt:*

1. Aus welchem Grunde ist der im Text beschriebene Rechtsstreit entstanden?
2. Inwiefern werden die Käufer von Kunstwerken durch diesen Bericht zur Vorsicht ermahnt?
3. Was ist von Expertisen zu halten, die Kunsthändler den Käufern ausstellen?
4. Nach welchen Gesichtspunkten wird der Wert eines Kunstwerkes bestimmt?

B *Drücken Sie den Inhalt folgender Sätze mit Worten aus dem Text aus!*

1. Das Gutachten war mit dem Namen eines Kunstwissenschaftlers unterschrieben. (7)

2. Das Gemälde ist aus kunsthistorischen Gründen interessant. (15)
3. Der Rechtsstreit zwischen den Parteien begann wegen mehrerer Mängelrügen. (21)
4. Das Gemälde ist sehr schlecht erhalten. (23)
5. Es gibt Kunsthändler, die Kunstlaien mit stark erhöhten Preisen betrügen. (38)
6. Die Juristen finden das Urteil des Landgerichts sehr bemerkenswert. (43)
7. Die Kunstexperten stimmten der Meinung ihres Kollegen nicht zu. (50)

C *Aufgaben zur Erweiterung des Wortschatzes und des Ausdrucks.*

1. Welche Arten von Kunstwerken, die gehandelt werden, kennen Sie?
2. Welcher Personenkreis interessiert sich für Kunst? Nennen Sie auch die Aufgaben dieser Personen innerhalb des Kunstbetriebs!
3. Was für Institutionen und Personen des Rechtswesens werden im Text genannt? Nennen Sie deren Funktionen!
4. Welche Rechtsbegriffe und kaufmännischen Begriffe stehen im Text? Erklären Sie, was Sie sich unter diesen Begriffen vorstellen!

D *Ergänzen Sie die fehlenden Wörter und Endungen!*

1. Das Landgericht München I hat kürzlich ein interessantes Urteil...
2. Das Urteil... unter den Fachleuten einige Unruhe.
3. Der Kunstwissenschaftler hat ein Gutachten...
4. Gutachten kann man nur... ein angemessenes Honorar bekommen.
5. Der Experte hält das Gemälde... ein Werk von Domenico Guardi.
6. Das Gemälde ist... die Fachwelt... groß– Interesse.
7. Der Kunsthändler verkaufte das Gemälde... ein bekannt– Museum.
8. Der Käufer hinterlegte d– Kaufpreis... eine– Bank.
9. Der Kunsthistoriker bezeichnete d– Bild... wertlos.
10. Welch– bekannt– Maler wird das Gemälde zugeschrieben?
11. Wir berufen... ... d– Urteil des Landgerichts München I.
12. Der Händler hat d– Käufer... ein– viel zu hohen Preis hereingelegt.
13. Wo– kommt es bei dem Wert eines Bildes an?
14. Bei diesem Bild handelt es... ... eine Fälschung.
15. In dem Urteil sehen wir eine Warnung... all– Gutgläubigen.

E
Ein Münchner Kunsthändler hat ein Gutachten über ein zweifelhaftes Gemälde abgegeben.
Von wem ist die Rede? – Von einem Münchner Kunsthändler, der ein Gutachten über ein zweifelhaftes Gemälde abgegeben hat.

1. Dem Teppichhändler ist ein wertvolles Gemälde verkauft worden.
   Von wem ist die Rede? – Von . . .
2. Der Anwalt wird wegen seiner Tüchtigkeit von vielen Geschäftsleuten in Anspruch genommen.
   Von wem ist die Rede? – Von . . .
3. Das Gemälde wird einem berühmten italienischen Maler zugeschrieben.
   Von wem ist die Rede? – Von . . .
4. Man hat die gutgläubigen Käufer von Kunstwerken gewarnt.
   Von wem ist die Rede? – Von . . .
5. Von dem Kunstexperten ist ein Gutachten eingeholt worden.
   Von wem ist die Rede? – Von . . .

Das Urteil hat in Kunsthändlerkreisen Unruhe gestiftet.
Wovon ist die Rede? – Von dem Urteil, das in Kunsthändlerkreisen Unruhe gestiftet hat.

6. Unter dem Gutachten stand der Name eines bekannten Kunstwissenschaftlers.
   Wovon ist die Rede? – Von . . .
7. Der Kunsthändler hat sich auf das Gutachten des Experten berufen.
   Wovon ist die Rede? – Von . . .
8. Der Teppichhändler war an dem Kauf des Gemäldes interessiert.
   Wovon ist die Rede? – Von . . .
9. Bei der Festsetzung des Preises kommt es auf den Verkehrswert des Bildes an.
   Wovon ist die Rede? – Von . . .

Das Fernsehen

Das Fernsehen ist nicht als ein perfektes Publikationsinstrument ins Leben getreten. Zehn Jahre Erfahrung sind eine kurze Zeit. In diesen Jahren haben die Mitarbeiter in den einzelnen Produktionsstätten viel Lehrgeld zahlen müssen, um zu wissen, wie man es nicht machen darf. Es hat durchaus höchst einseitige, tendenziöse und manipulierte Sendungen im Programm gegeben, wenn sie nicht einfach mißglückt waren. Es hat Mitarbeiter gegeben, die mit sich selbst ganz schön „Personenkult" getrieben haben. Es gibt viel journalistischen Hochmut in den Studios, vor allem bei jungen Mitarbeitern. Man will von sich reden machen, man will Gags landen, man will eine „Mission" abreagieren. Das alles hat es gegeben, und diese Unzulänglichkeiten werden nicht von heute auf morgen verschwinden. Es gibt keine alles korrigierenden Spielregeln, und viele Produzenten, die in der lautersten Absicht eine Sendung erarbeitet, gedreht, getextet und zu Ende geschnitten haben, staunen fassungslos, wenn man sie fragt, ob sie den Effekt bedacht hätten, den sie bei den Millionen von Zuschauern auslösen können.

...

Es sind in der Tat nur ein paar hundert Menschen, welche als Publizisten oder Künstler Inhalt und Form des Fernsehprogramms bestimmen. Die vielzitierten „Verantwortlichen", von bösen Zungen auch „Fernsehgewaltige" genannt, tragen zweifellos ein gewaltiges Stück Verantwortung vor der Gesellschaft und vor ihrem eigenen Gewissen, wenn man den publizistischen Effekt der Sendungen bedenkt. Die Quantität der Programme ist auf der anderen Seite so groß, die Produktionskosten sind so hoch, die Produktionszeiten so ausgedehnt, daß die Qualität der einzelnen Programmabende auffälligen Schwankungen unterliegt. 365 „Premieren" im Jahr: das kann nicht immer gut sein. Es hat viele Fernsehabende gegeben, die jeden Vergleich mit ausländischen Programmen aushalten. Es hat aber auch Sendungen gegeben, denen man mit Recht vorwerfen konnte, daß sie geschmacklos oder geistlos waren. Mancher „Fernsehstar", der ein paar Monate hell leuchtete, ist sang- und klanglos untergegangen. Manche Sendeform, vor allem auf dem Gebiet der Unterhaltung, hat sich überlebt. Das Experimentierfeld hat sich verengt.

Das Fernsehen in der Bundesrepublik hat eine relativ unabhängige Position inmitten der gesellschaftlichen, politischen und wirtschaftlichen Verflechtungen. Es kann jeglichen Mißbrauch der Macht eindrucksvoll anprangern, es kann harte Zeitkritik üben, es kann satirische Feuilletons servieren. Das alles ist im Fernsehprogramm in reichem Maße geschehen. Aber einer Reihe von profilierten Mitarbeitern des Programms kann der Vorwurf nicht erspart bleiben, daß sie den Versuchungen der publizistischen Macht selber erlegen sind. Mancher Publizist hat die Tribüne des Fernsehens allzu gerne benutzt, sich selbst am politischen Kräftespiel zu beteiligen, statt nur seine publizistische Rolle zu spielen. In dem Maße, in dem der Redakteur einer Zeitung Nachrichten auswählt und sie ordnet, muß auch der Redakteur im Fernsehen „manipulieren". Wenn aber nur die halbe Wahrheit von der Kamera erfaßt und die Tendenz des Textes so geprägt ist, daß ein bestimmter einseitiger Effekt erzielt werden soll, dann sind die Spielregeln des journalistischen Handwerks im Fernsehen verletzt worden. Wer nur recherchiert und filmt und schneidet und textet, um die im vorhinein aufgestellte These zu beweisen, macht sich auf die Dauer unglaubwürdig.

Der Kampf um die Unabhängigkeit des Fernsehens in der Bundesrepublik wird nicht nur geführt und entschieden im politischen Kräftespiel um die Institution, sondern auch durch das Verantwortungsbewußtsein der Menschen, die das Programm zu verantworten haben. Loyalität, Dienst am Zuschauer, Gerechtigkeit für Sachverhalte und Personen sind Gebote, die auf die Dauer nicht verletzt werden können, wenn die Mehrheiten es ertragen sollen, unter dem Beifall einer Minderheit provoziert zu werden. Die Regulative von Gesetzen, Satzungen und Aufsichtsgremien wären unzulänglich, wenn sich nicht die Programmproduzenten dazu bekennen, daß es ganz spezifische Grenzen der publizistischen und künstlerischen Aussage im Fernsehen gibt.

Am jungen Medium Fernsehen wird man den Zustand unserer Gesellschaft und den Charakter unseres Staates ablesen können. Jedes Volk hat das Fernsehen, das es verdient.

Hans Bausch

A *Fragen zum Textinhalt:*

1. Was für Gefahren sehen Sie in den politischen Sendungen des Fernsehens, wenn Sie an die Wirkungen denken, die das Fernsehen auf die Zuschauer ausübt?
2. Welchen Schwierigkeiten sehen sich, Ihrer Meinung nach, die Programmgestalter des Fernsehens gegenüber?
3. Welche Pflichten hat der politische Redakteur im Fernsehen?
4. Sollte das Fernsehen unabhängig sein, oder sollte es von der Regierung kontrolliert werden? Begründen Sie Ihre Ansicht!
5. Worauf spielt der Verfasser in seinem Artikel an?

B *Drücken Sie den Inhalt folgender Sätze mit Worten aus dem Text aus!*

1. Der Mitarbeiter ist in den Jahren seiner Berufstätigkeit durch Mißerfolge klüger geworden. (4)
2. Der Fernsehstar hat wieder die Aufmerksamkeit des Publikums auf sich gezogen. (9)
3. Er will beim Publikum seine witzigen Einfälle anbringen. (Umgangssprache!) (10)
4. Haben Sie an die Schwierigkeiten gedacht, die noch auftreten können? (11)
5. Der Künstler hat die Zuschauer begeistern können. (16)
6. Sie müssen Ihre Handlungsweise vor Ihrem Gewissen verantworten. (20)
7. Die Qualität der Fernsehprogramme schwankt. (25)
8. Die deutschen Fernsehprogramme lassen sich in ihrer Qualität gut mit den ausländischen Programmen vergleichen. (27)
9. Einige Programme sind nicht mehr zeitgemäß. (32)
10. Der Kommentator hat den Mißbrauch der Macht öffentlich als Mißstand gekennzeichnet. (36)
11. Man muß einigen Kommentatoren vorwerfen, daß sie versucht waren, ihre publizistische Macht auszunutzen. (40)

C *Aufgaben zur Erweiterung des Wortschatzes und des Ausdrucks.*

1. Was für Bedienungstasten gibt es an einem Fernsehgerät, und was wird mit ihnen eingestellt und reguliert?
2. Welche Arten von Fernsehprogrammen kennen Sie? Was wird in diesen Programmen gezeigt?

D *Ergänzen Sie die fehlenden Wörter und Endungen!*

1. Die Unzulänglichkeiten in den Programmen können nicht von heute ... morgen verschwinden.
2. Das letzte Programm hat Millionen ... Zuschauern gefallen.
3. Die Publizisten im Fernsehen ... eine hohe Verantwortung gegenüber d– Gesellschaft.
4. Die Quantität des Programms ist so groß, ... die Qualität der einzelnen Programme Schwankungen unterliegen muß.
5. Das deutsche Programm ... jeden Vergleich ... ausländischen Programmen aus.
6. Einige Sendeformen ... ... Gebiet der Unterhaltung haben sich überlebt.
7. Ein Publizist darf nicht versuchen, eine politische Rolle ... zu wollen.
8. Er macht sich sonst ... die Dauer unglaubwürdig.

E
Die Mitarbeiter treiben mit sich Personenkult.
Es gibt Mitarbeiter, die mit sich Personenkult treiben.

1. Nur wenige Publizisten bestimmen Inhalt und Form des Fernsehprogramms.
Es gibt ...
2. Viele Programme verursachen hohe Produktionskosten.
Es gibt ...
3. Mit einigen Fernsehprogrammen ist das Fernsehpublikum nicht zufrieden.
Es gibt Fernsehprogramme ...
4. In einigen Fernsehprogrammen wird harte Zeitkritik geübt.

Die Qualität der Programme unterliegt auffälligen Schwankungen.
Die Qualität der Programme schwankt auffällig.

5. Der Publizist übt Kritik an der Politik der letzten Jahre.
...
6. Er machte gewissen Politikern den Vorwurf der Kurzsichtigkeit.
...
7. Der Regisseur muß die Verantwortung für das Programm tragen.
...
8. Das Fernsehpublikum stellt zwischen den Programmen der Fernsehanstalten Vergleiche an.
...

Der Regisseur dreht einen neuen Film.
Von wem wurde gesprochen?
Von dem Regisseur, der einen neuen Film dreht.

9. Der junge Fernsehstar hat in der letzten Zeit viel von sich reden gemacht.
   Von wem wurde gesprochen? – Von . . .
10. Man kann den Mitarbeitern nicht den Vorwurf ersparen, daß sie zu viel Hochmut zeigen.
    Von wem wurde gesprochen? – Von . . .
11. Einige Redakteure erliegen immer wieder der Versuchung, ihre publizistische Macht zu mißbrauchen.
    Von wem wurde gesprochen? – Von . . .

Tagesschau: ... und nichts als die reine Wahrheit

Jeder Nachrichten-Redakteur bekommt von älteren Kollegen fromme Sprüche mit auf den Weg. „Jedes Wort, das wir schreiben, muß eine Information und muß wahr sein", – aber auch: „Wir können nicht alles schreiben, was wahr ist." Wer also entscheidet, was das Fernsehen bringt, und bitte, nach welchen Gesichtspunkten? Wenn es stimmt, daß 99 Prozent aller Nachrichten unterwegs in Redaktions-Papierkörbe wandern, ja, wer entscheidet dann über das eine Prozent, das für wichtig genug befunden wird, dem Zuschauer mitgeteilt zu werden?

Diese Entscheidung trifft die Redaktion. Um aber eine Nachricht richtig auszuwählen, braucht der Redakteur viel „Roh"-Material, so viel, daß er vergleichen und sachlich entscheiden kann. Was das Rohmaterial angeht, so werden unsere Fernseh-Redakteure gut bedient. In Deutschland und im Ausland haben sie eigene Reporter und Kameraleute. Dazu kommt das Angebot ausländischer Nachrichten-Film-Agenturen, das täglich im Abonnement geliefert wird. Bei großen Ereignissen ist die Direktverbindung weltweit, über Satelliten. Dazu kommen internationale Bildfunkdienste, die in Minutenschnelle aktuelle Fotos übermitteln und – für die aktuelle Nachricht – die Presseagenturen. So ticken zum Beispiel bei der Tagesschau fast pausenlos die Fernschreiber der Deutschen Presse-Agentur dpa, der Britischen Agentur Reuter, der amerikanischen ap und upi und der französischen Agence France Presse afp. Dabei stützen sich die Agenturen wiederum auf eine Vielzahl von Quellen. Allein dpa hat Nachrichten-Austausch-Verträge mit 52 anderen Agenturen, auch solchen im Ostblock.

Ein alter Zynismus der Zeitungsleute drängt sich auf, leicht abgewandelt: „Merkwürdig, jeden Tag passiert in der Welt genau soviel, daß es, zusammen mit dem Wetter, 15 Minuten Tagesschau füllt."

Des Rätsels Lösung: jeder Tag zwingt die Redaktion einer Nachrichtensendung, eine Dringlichkeitsskala des Weltgeschehens aufzustellen. Eine Skala, in die jedes Ereignis eingeordnet wird, und zwar nach dieser Prüfungsfrage: wie interessant, wie wichtig, wie neu, wie zuverlässig wahr? Von der Entscheidung des Redakteurs hängt ab: Was am Ende der

Dringlichkeitsskala rangiert, das fällt unter den Tisch, das findet für den Zuschauer nicht statt. Ein Ereignis ist es zwar, doch keine Nachricht.

Auch die Teile jeder einzelnen Nachricht werden nach einer Dringlichkeitsskala geordnet: das Wichtigste am Anfang, das weniger Wichtige am Schluß. Wobei „Schluß" immer dort ist, wo die nächstwichtige Nachricht Sendezeit verlangt.

Das heißt, die Zeit reicht nicht, jede Nachricht mit vollständigem Hintergrund zu versehen. Beispiel: In einem Bericht über den Südtirol-Kompromiß zwischen Italien und Österreich hieß es: „Die Südtiroler Volkspartei hatte die italienischen Vorschläge gebilligt." Das ist zwar richtig, aber nicht vollständig. Es müßte hinzugefügt werden, daß diese Billigung nur mit knapper Mehrheit ausgesprochen wurde. Und man müßte noch das letzte Wahlergebnis mit dem Stimmenanteil der Volkspartei in die Rechnung einsetzen. Beides zusammen erst ergäbe den Schluß, ob die Mehrheit der deutschstämmigen Südtiroler den Kompromiß bejaht.

Das alles gilt auch für das Bild als Nachricht. Denn auch die Kamera wählt aus unter verschiedenen möglichen Motiven. Das Bild ist sicher „wahr", aber ebenso sicher ist, daß es nicht alles zeigt, nur einen Ausschnitt aus dem Ereignis. Es bringt etwa ganz deutlich die Schlägerei zwischen Demonstranten und Polizisten. Wie es dazu kam, wie es anderswo, in anderen Straßen aussah, das zeigt es nicht. Fehlt die Erläuterung im Kommentar, dann meinen unkritische Zuschauer schließlich: Jeder Polizist ist brutal, jeder Demonstrant ist rabiat, jede Unruhe ist bereits Aufruhr.

Das Fernsehen *berichtet* (so ehrlich es kann). *Urteilen* muß der Zuschauer. Bildlich gesprochen: Die Fernsehkamera kann ein teilweise gefülltes Glas zeigen. Ob es halbvoll oder ob es halbleer ist, das kann nur der Zuschauer sagen. Wenn er ein aktiver Zuschauer ist, dann wird er Schlüsse ziehen, vielleicht sogar zum Handeln aufgerufen sein. Das bedeutet: Jede Nachricht verursacht, in einer Art Rückkoppelungseffekt, selbst wieder Geschehen.

Auf jede Nachricht reagieren Menschen und lösen neue Nachrichten aus.

Horst Ludwig

A *Fragen zum Textinhalt:*

1. Nach welchen Gesichtspunkten werden die Nachrichten für eine Nachrichtensendung ausgewählt?
2. Woher bezieht eine Nachrichtenredaktion ihre Nachrichten?
3. Worauf muß sich die Redaktion bei der Weitergabe einer Nachricht beschränken?
4. Welche Ansprüche stellen die Nachrichten an den aktiven Zuschauer oder Leser?

B *Drücken Sie den Inhalt folgender Sätze mit Worten aus dem Text aus!*

1. Die Älteren geben den Jüngeren gute Ratschläge. (Umgangssprache) (2)
2. Unwichtige Briefe werden nicht bearbeitet. (Umgangssprache) (6)
3. Der Redakteur entscheidet, ob ein Ereignis als Nachricht gebracht wird. (9)
4. Die Zeitungsredaktionen werden von den Nachrichtenagenturen gut versorgt. (Umgangssprache) (12)
5. Viele Informationen über Ereignisse werden in den Redaktionen nicht weitergegeben. (33)
6. Die Partei hat die Vorschläge des Vorsitzenden gutgeheißen. (42)
7. Die Mehrheit hat dem Vorschlag zugestimmt. (44)
8. Die Zuhörer schlossen aus dem Aufruf des Parteivorsitzenden, daß sie handeln sollten. (60)

C *Aufgaben zur Erweiterung des Wortschatzes und des Ausdrucks.*

1. Nennen Sie alle Quellen, aus denen man Nachrichten beziehen kann!
2. Was wissen Sie über die Organisation einer Zeitung?
3. Welche Arten von Nachrichten und Informationen finden Sie in einer Zeitung?
4. Erklären Sie den Unterschied zwischen ‚Nachricht' und ‚Information'!
5. Was ist ein Kommentar?
6. Erläutern Sie die Unterschiede zwischen Zeitungen, Rundfunk und Fernsehen als Nachrichten- und Informationsquelle!
7. Wodurch kann die Meinung des Lesers oder Hörers durch die Massenmedien positiv und negativ beeinflußt werden?

D *Ergänzen Sie die fehlenden Wörter und Endungen!*
1. Der Vater gibt seinem Sohn gute Ratschläge . . . auf den Weg.
2. Wir können nicht alles schreiben, . . . wahr ist.
3. Wer entscheidet, . . . das Fernsehen bringt?
4. Wer entscheidet . . . d– Richtlinien der Politik?
5. Der Kameramann muß . . . verschiedenen Motiven das geeignete Motiv auswählen.
6. Die Tagesschau kann nicht alles zeigen, . . . d– Zuschauer interessiert.
7. Wie ist es . . . d– Schlägerei gekommen?
8. Wie sieht . . . auf der Straße nach d– Demonstration aus?
9. Die Demonstranten wollen die Politiker . . . Handeln aufrufen.
10. Die Politiker reagierten nicht . . . die Forderungen der Demonstranten.
11. Die Politiker haben eine wichtige Entscheidung . . .
12. Die Nachricht stützt . . . . . . eine zuverlässige Quelle.
13. Welchen Schluß . . . Sie . . . d– Verhalten der Demonstranten?

E
Jedes Wort, das wir schreiben, muß wahr sein.
Was wir schreiben, muß wahr sein. (. . ., das muß wahr sein.)

1. Jede Nachricht, die eine Zeitung bringt, muß eine Information sein.
. . .
2. Alle Sendungen, die vom Fernsehen gesendet werden, sind nach bestimmten Gesichtspunkten ausgewählt.
. . .
3. Das Nachrichtenmaterial, das am Ende der Dringlichkeitsskala rangiert, fällt unter den Tisch.
. . .
4. Die Nachrichten, die die Agenturen den Zeitungsredaktionen liefern, werden sachlich geordnet und richtig ausgewählt.
. . .

Die Redaktionen müssen die Nachrichten sorgfältig auswählen.
Die Fülle an Nachrichten zwingt die Redaktionen (dazu), die Nachrichten sorgfältig auszuwählen.

5. Die Tagesschau muß aktuelles und interessantes Bildmaterial liefern.
Der Wunsch der Zuschauer nach bester Information . . .

6. Die Redaktion muß die Zuverlässigkeit ihrer Nachrichtenquellen prüfen.
   Eine wahrheitsgemäße Berichterstattung ...
7. Die Polizei mußte am Ende der Demonstration energisch eingreifen.
   Eine Schlägerei zwischen Demonstranten ...
8. Der Parteivorsitzende mußte sein Amt niederlegen.
   Das Mißtrauensvotum der Parteiversammlung ...

Autorität des Publizierten

Das Ereignis, das sich irgendwo abspielt, ist eine der Autoritäten der modernen Welt. Daß es sich ereignete, berichten die Schlagzeilen, die in der Massenpresse heute oft nur bildhafte Wortprägungen, emotional bestimmte und gezielte Formulierungen sind. Die Worte assoziieren Bilder, und die Bilder erregen das Gefühl. In dieser Ebene sprechen die Massenblätter mit ihren Lesern, die eigentlich heute Seher, Schauer oder Blicker genannt werden sollten. „Auf einen Blick" bietet man ihnen die ganze Welt – in Wortbildern und in Bildbildern.

Aber diese Welt ist im Gegensatz zur Naturwissenschaft und zur Psychologie auf eine merkwürdige Weise verengt und verharmlost. Während Physik und Technik unsere Erkenntnisse vom Weltenraum immer weiter hinausschieben, während sie in neuen Größenordnungen rechnen und denken, und während die Psychologie uns immer tiefer in die Seele und das Fühlen der Menschen blicken läßt, also unsere Weltschau stets differenzierter gestaltet, schrumpft die Sprache der Massenpresse auf wenige Begriffe zusammen. Diese geben sich den Anschein eines engen Verhältnisses zur Realität, denn sie sprechen ja von Fakten, von Sturmfluten und Wirbelwinden, von Wirtschaftskrisen und möglichen Kriegen, von Mördern, Verrätern und Verhafteten, von Raketen, Satelliten und Atombomben. Aber sie berauben alle diese Ereignisse ihrer großen, eigentlich unmenschlichen, unserem Einfühlungsvermögen gar nicht zugänglichen Dimensionen, weil sie undifferenziert gerade jenes Ereignis als das wesentliche herausstellen und in griffigen Überschriften formulieren, das sich zu dieser Stunde anbietet. Das kann der Konkurs eines Industriellen, der Liebesschmerz eines Filmstars, die Entführung eines Kindes ebenso sein wie die Kubakrise, die die Welt ganz dicht an den Abgrund heran führte, wie auch der Start eines bemannten Schiffes zum Mond oder die Erfindung eines Heilmittels gegen den Krebs. Im Prinzip wird dem Leser alles mit der gleichen Schrifttype und demselben Schriftgrad als die letzte Aktualität angeboten. Man überläßt ihm zu differenzieren, wozu er aber gar nicht in der Lage sein kann. Man überantwortet ihn dem Bombardement mit Partikeln der Realität, deren Bedeutung er deshalb wichtig nimmt, weil sie publiziert wurden.

Der Mensch von heute ist kaum noch durch Gedanken, sondern fast nur durch Ereignisse anzusprechen. Ihre Autorität aber gewinnen sie erst durch ihre Veröffentlichung. So sind denn schließlich die Massenmedien bedeutsame Autoritäten, die vom einzelnen in der Massengesellschaft anerkannt werden. Ohne sich über die Grundlagen ihrer Existenz klar zu sein, ohne zu wissen, ob das einzelne Medium privatwirtschaftlich, als Körperschaft öffentlichen Rechts oder gar als Staatsbetrieb arbeitet, erkennt er die Institution als solche ohne Vorbehalt an. Da es heute praktisch kaum einen Teil der Welt gibt, in dem nicht die Menschenrechte von Freiheit und Gleichheit – die Brüderlichkeit wird meist nicht so betont – wenigstens proklamiert wurden, sind die Voraussetzungen allgemein vorhanden, auf denen die Fiktion gedeihen kann, daß die Massenmedien die Pflicht zur Information haben, weil der Empfangende das Recht auf sie besitzt.

Wie sollte er sonst seine oft gleichfalls fiktiven Verpflichtungen gegenüber der Allgemeinheit erfüllen können, wenn diese ihn nicht auf eine sanfte und angenehme Art durch die Instrumente der Meinungs- und Bewußtseinsbildung mit Weisungen versähe?

Je ablehnender sich die modernen demokratischen und sozialistischen Gesellschaften gegenüber der Autorität des Staates verhalten oder zu verhalten vorgeben, desto leichter gewinnen die anonymen Institutionen der Presse, des Funks, Fernsehens, Films, der Konsumwerbung und der Unterhaltungsindustrie das Vertrauen der Menschen. Sie haben den Schein der Objektivität für sich, obwohl man sich schon durch den einfachen Vergleich der Bewertung und des Vortrages von Ereignissen davon überzeugen könnte, daß bei jeder Vermittlung von wirklich Geschehenem ein unwägbar subjektiver Anteil tätig ist. Von den bewußten Verdrehungen ganz abgesehen.

Fritz Kempe

A *Fragen zum Textinhalt:*

1. Auf welche Weise werden Leser oder Hörer von den Ereignissen, die sich in der Welt abspielen, in Kenntnis gesetzt?
2. Welche Sprache wird bei der Berichterstattung bevorzugt? Ist sie sachlich, oder ist sie von Gefühlen bestimmt?
3. Welche Wirkungen löst die Sprache der Publikationsmittel auf den Leser oder Hörer aus?
4. Welche Rolle spielen die Massenmedien gegenüber dem Staat?

B *Drücken Sie den Inhalt folgender Sätze mit Worten aus dem Text aus!*

1. Die moderne Wissenschaft erweitert unsere Erkenntnisse. (12)
2. Die Sprache der Massenmedien wird immer ausdrucksärmer. (15)
3. Die Massenpresse hebt die Ereignisse hervor. (23)
4. Die Zeitungen bringen Überschriften, die jedermann sofort ansprechen. (23)
5. Auf den Menschen von heute wirken nicht mehr Gedanken, sondern nur noch Ereignisse. (35)

C *Aufgaben zur Erweiterung des Wortschatzes und des Ausdrucks.*

1. Von welchen Massenmedien ist im Text die Rede? Kennen Sie noch weitere?
2. Welche Begriffe aus dem Zeitungswesen werden im Text erwähnt?
3. Vervollständigen Sie die Sätze!

Beispiel: Ereignisse ... – Ereignisse spielen sich ab.
Der Mann ... den Anschein eines ehrlichen Menschen.
Überschriften werden ...
Die Krise ... die Volkswirtschaft an den Abgrund.
Die Massenmedien werden von den Menschen als Autorität ...
Der Staatsbürger ... ein Recht auf Information.
Jeder Bürger muß seine Verpflichtungen gegenüber der Allgemeinheit ...
Die moderne Gesellschaft ... ... gegenüber der Staatsautorität ablehnend.
Die Presse muß bemüht sein, das Vertrauen der Menschen zu ...

D *Ergänzen Sie die fehlenden Wörter und Endungen!*

1. Das erwähnte Ereignis hat ... in einer Großstadt abgespielt.
2. Die Schlagzeilen berichten, was ... in den letzten 24 Stunden ereignet hat.
3. Die Psychologie läßt uns ... d– Seele und d– Fühlen der Menschen blicken.
4. Die Sprache der Massenpresse schrumpft ... wenige Begriffe zusammen.
5. Die Krise hat die Menschen dicht ... d– Abgrund herangeführt.
6. Die Medizin versucht, ein Heilmittel ... d– Krebs ... finden.
7. Nicht jeder Leser ist ... ... Lage, die Nachrichten der Massenpresse ... differenzieren.
8. Die Massenmedien haben die Pflicht ... Information.
9. Der Leser hat ein Recht ... Information.
10. Der Bürger hat seine Verpflichtungen ... d– Allgemeinheit zu erfüllen.
11. Die moderne Gesellschaft verhält sich ... der Autorität des Staates ablehnender, ... es die Gesellschaft des 19. Jahrhunderts tat.

E
Wie lautet die Schlagzeile?
Die amerikanischen Astronauten sind heute früh mit ihrem Raumschiff auf dem Mond gelandet.
Schlagzeile: *Mondlandung geglückt* – oder: *Amerikaner auf dem Mond gelandet* – oder: *Raumschiff auf dem Mond* – oder: *Menschen auf dem Mond.*

1. An der Nordseeküste haben in der vergangenen Nacht orkanartige Stürme schwere Verwüstungen angerichtet.
   Schlagzeile: ...
2. In der letzten Woche ist nach monatelangen Bemühungen des Nachrichtendienstes ein Spionagering gesprengt worden, der seit Jahren geheimes Material an eine ausländische Macht geliefert hatte.
   Schlagzeile: ...
3. Wie wir von der Kriminalpolizei erfahren haben, ist seit gestern abend ein fünfjähriger Junge verschwunden. Alle Anzeichen deuten darauf hin, daß das Kind entführt wurde.
   Schlagzeile: ...
4. Laut Polizeibericht ist der Fünfjährige, der seit vorgestern als vermißt gemeldet war, wiedergefunden worden.
   Schlagzeile: ...

Wenn jemand gut informiert ist, ist auch seine Urteilsfähigkeit groß.
In welchem Maße wächst die Urteilsfähigkeit? – Je besser jemand informiert ist, desto größer ist auch seine Urteilsfähigkeit.

5. Wenn sich die moderne Gesellschaft gegenüber der Autorität ablehnend verhält, gewinnen die Massenmedien leicht das Vertrauen der Menschen.
In welchem Maße gewinnen die Massenmedien das Vertrauen der Menschen? – ...

6. Wenn eine Zeitschrift interessant ist, ist ihr Leserkreis groß.
Wie groß ist der Leserkreis einer Zeitschrift? – ...

Überschriften sind Glückssache

Überschriften sind Glückssache, so lautet eine alte journalistische Weisheit. Sie hat recht: es ist nicht leicht, treffende Überschriften zu machen, denn im Grunde wird doch von ihnen erwartet, daß sie in wenigen Worten sagen, was manchmal die ganze Nachricht nicht enthält. So wird verständlich, daß die jeden Journalisten umlauernde Gefahr, falsche Akzente zu setzen und falsche Sinnzusammenhänge herzustellen, bei den Überschriften am größten ist. Ein Leser, der einen guten Tropfen schätzt, wird bei der Überschrift: „Weniger Unfälle durch Trunkenheit", die er in der „Welt" finden konnte, zumindest irritiert sein. Wenn er jedoch meinte, hier werde den Autofahrern empfohlen, mehr Alkohol zu trinken, damit es weniger Unfälle gibt, dann sah er sich beim Weiterlesen in seiner Hoffnung getäuscht. Es sollte, im Zusammenhang mit einer Statistik, lediglich gesagt werden, daß in einer bestimmten Zeit die Zahl der durch Trunkenheit am Steuer verursachten Unfälle spürbar zurückgegangen ist.

Und was soll der Leser von einer Überschrift wie „Von Karajan kann nicht dirigieren" halten, die sich über einer Agentur-Meldung fand? Auf jeden Fall handelte es sich nicht um die Feststellung eines mit von Karajan verfeindeten Musik-Kritikers. In der Nachricht hieß es vielmehr, von Karajan müsse einige Konzerte ausfallen lassen, weil er sich bei einem Sturz einen Bandscheibenschaden zugezogen habe.

Besonders Sportjournalisten sind berühmt dafür, daß sie eine an verblüffenden Bildern und frappierenden Vergleichen reiche Sprache kultivieren. Das hängt aber wohl mit der Begeisterung zusammen, die sie, auch ganz unabhängig von ihrem Beruf, in der Regel dem Sport entgegenbringen. Irrig ist allerdings die Ansicht, bei der Überschrift: „Tasmania spielt ohne verletzten Zeh" handele es sich um eines dieser ungewollt schiefen Bilder. Auch kann keine Rede davon sein, daß dem Verein ein Zeh amputiert worden sei, zumindest nicht dem Wortsinn nach. Die Nachricht lautete: „Tasmania 1900 muß das Bundesliga-Spiel am kommenden Sonnabend im Olympia-Stadion gegen Borussia Mönchengladbach ohne den verletzten Stürmer Zeh bestreiten..." An schwarzen Humor erinnert dagegen der Titel eines Berichtes, der von Sportlern handelte, die bei Flugzeugabstürzen ums Leben gekommen sind: „Berühmte Sportler fanden mehrfach den Tod durch Flugzeugabsturz." Als ob einmal nicht gereicht hätte!

Erschrocken dürfte mancher Leser, der nicht vom Fach ist, die Überschrift lesen: „Sechstage-Gerippe ist verpflichtet." Im Text heißt es dann: „Für das Berliner Sechstage-Rennen vom 6. bis 12. Oktober in der Berliner Deutschlandhalle steht jetzt mit elf Mannschaften das Gerippe fest..." Daß auch die Materie beseelt sein kann, scheint der Titel anzudeuten: „Gesamtmetall will sich nicht einschüchtern lassen." Und wie ist die Überschrift zu verstehen: „Kubanische Nestle-Tochter wurde verstaatlicht"?

Richtig ist, daß man nie eindeutig genug sagen kann, was man meint. Das hat sich wohl auch der Verfasser der folgenden Überschrift gedacht: „Katastrophale Naturkatastrophe in Nord-Argentinien." Eine anatomische Kuriosität wußte die „Kölnische Rundschau" im August 1965 in einer vierspaltigen Schlagzeile auf der ersten Seite zu vermelden: „Hoogens rechte Hand ging mit Akten nach Holland." Man sieht das förmlich vor sich!

Ein „ewig sprudelnder Quell falscher journalistischer Bilder, der manchem Leser mit rauher Hand ein Bein stellt", ist auch die Statistik. „Die Bevölkerung der Bundesrepublik wächst langsamer", wußte kürzlich eine Agentur zu melden. Darf daraus geschlossen werden, daß die Deutschen künftig erst mit 25 oder mit 30 Jahren das Durchschnittsmaß erwachsener Menschen erreichen? Was eigentlich gemeint war, machte auch der folgende Satz nicht deutlicher: „Die Bevölkerung der Bundesrepublik wächst immer langsamer, weil der Geburtenüberschuß sinkt." Erst aus den nachfolgenden Zahlen ging hervor, daß die Einwohnerzahl gemeint war.

Manfred Steffens

A *Fragen zum Textinhalt:*

1. Was für eine Information erwartet der Leser von einer Textüberschrift?
2. Wie muß eine Textüberschrift abgefaßt sein?
3. Wo kann man häufig irreführende Überschriften vorfinden, und wie kommen sie zustande?

B *Drücken Sie den Inhalt folgender Sätze mit Worten aus dem Text aus!*

1. Er trinkt gerne Wein. (7)
2. Die Nachricht besagt, daß das Konzert ausfallen muß. (18)
3. Er hat sich bei dem Unfall das Bein gebrochen. (20)
4. Er ist für den Sport begeistert. (24)
5. Unser Fußballverein mußte am letzten Sonntag nach der Halbzeit mit nur zehn Spielern spielen. (31)
6. Die Sportler sind bei einem Flugzeugunglück umgekommen. (33)
7. Sie starben bei einem Flugzeugabsturz. (34)
8. Wir haben genug Geld. (35)
9. Wir sind Laien. (36)
10. Die Zeitung meldete eine Kuriosität. (47)
11. Was besagt die Zeitungsnachricht? (59)

C *Aufgaben zur Erweiterung des Wortschatzes und des Ausdrucks.*

1. Lesen Sie die Überschriften in einer Zeitung und versuchen Sie, von den Überschriften auf die Information zu schließen, die im Text steht.
2. Stellen Sie fest, ob die Überschriften treffend sind, wenn Sie den Zeitungstext gelesen haben.
3. Stellen Sie fest, ob die Überschriften den Text objektiv ankündigen oder ob mit der Überschrift eine Stellungnahme suggeriert werden soll.

D *Ergänzen Sie die fehlenden Wörter und Endungen!*

1. Der Leser sieht sich ... sein– Hoffnung getäuscht, ... es am letzten Wochenende weniger Unfälle gegeben ... ... sonst.
2. Was halten Sie ... d– politischen Lage?
3. Wo– handelt ... sich bei der Meldung, die Sie gelesen haben?
4. In der Nachricht heißt ..., ... das angekündigte Konzert ausfallen müsse.
5. Er hat ... ... ein– Sturz ein– Bandscheibenschaden zugezogen.
6. Er bringt d– Sport große Begeisterung entgegen.
7. Es kann keine Rede ... sein, daß mein Sohn Journalist wird.
8. Wo– handelt der Bericht?
9. Der Sportler ist ... ein– Flugzeugabsturz ... Leben gekommen.
10. Leider verstehe ich ... d– Sache nichts, denn ich bin nicht ... Fach.

11. Der Junge läßt ... nicht einschüchtern.
12. Was denken Sie ... ... dies– Text?
13. Was sehen Sie vor ...? – Ich sehe vor ... ein großes Gebäude.
14. Hans ist hingefallen. Sein Freund hat ... ein Bein ...
15. In unserer Zeitung wird manch– Leser viel Interessant– geboten.

E
In der letzten Woche hat es weniger Unfälle gegeben.
Er meint, in der letzten Woche habe es weniger Unfälle gegeben.

1. Es ist nicht leicht, treffende Überschriften zu machen.
   Er meinte, ...
2. Die Zahl der Unfälle durch Trunkenheit am Steuer ist spürbar zurückgegangen.
   In der heutigen Zeitung heißt es, daß ...
3. Die Konzertdirektion mußte das Konzert ausfallen lassen.
   In der Nachricht steht, daß ...
4. Es ist wegen eines Motorendefekts zum Flugzeugabsturz gekommen.
   Der Ingenieur ist der Ansicht, ...
5. Dem Verletzten muß der Arm amputiert werden.
   Der Arzt meint, daß ...
6. Es kann keine Rede davon sein, daß in den nächsten Jahren der Geburtenüberschuß in der Welt sinkt.
   Die Wissenschaftler sind der Meinung, daß ...

Wir vermuten, daß die Naturkatastrophe großen Schaden verursacht hat.
Die Naturkatastrophe dürfte großen Schaden verursacht haben.

7. Ich vermute, daß der Autofahrer betrunken gewesen ist.
   ...
8. Es wird vermutet, daß sich der Verunglückte innere Verletzungen zugezogen hat.
   ...
9. Man nimmt an, daß das Fußballspiel wegen der schlechten Witterung ausfällt.
   ...

Taschenbücher

Das Erscheinen des Taschenbuches eröffnete eine neue Epoche in der Geschichte des Buches. Durch seinen niedrigen Preis und seine leichte Zugänglichkeit sprengte es die traditionellen Grenzen des Buchmarktes und eroberte jenseits der bis dahin allein erreichbaren gehobenen Klassen die Käufermassen und vor allem die kauffreudigste Schicht, die Jugend. Mit seinen Massenauflagen wurde es zum interessantesten wirtschaftlichen Objekt des Verlagswesens. In einem Vierteljahrhundert ist das Buch vom Luxusgegenstand privilegierter Klassen zum normalen Konsumgut geworden, das selbst in Kaufhäusern und Automaten erhältlich ist.

Den Namen gab dem Taschenbuch sein handliches Format und seine Flexibilität. Ursprünglich war es nicht zur Aufbewahrung in Bibliotheken, sondern zum sofortigen Gebrauch bestimmt. Es ist nicht gebunden, sondern geleimt und hatte anfangs eine sehr bescheidene Aufmachung, die sich aber in dem Maße verbesserte, wie die Käufer die Taschenbücher als echte Bücher betrachteten. Seinen wirtschaftlichen Erfolg verdankt das Taschenbuch der Kalkulation der Verleger, die, um die Preise möglichst niedrig zu halten (in Deutschland zwischen 2,- und 6,80 DM), in der Hauptsache schon arrivierte und leicht verkäufliche Werke mit einer Erstauflage von mindestens 20 000 Exemplaren (in den USA mindestens 100 000 Exemplaren) verlegten.

Seinen Ursprung hat das Taschenbuch in den angelsächsischen Ländern (daher auch „Paperback", am bekanntesten die von Sir Allan Lane in England herausgegebenen Penguin Books). In Deutschland begann die Pionierzeit der Taschenbücher in den Jahren 1950 bis 1952, als Rowohlt und Fischer die ersten Reihen veröffentlichten. 1967 boten in der Bundesrepublik rund siebzig Taschenbuchverlage etwa 10 000 Titel an. Der stürmische Produktionsanstieg ist jedoch seit 1965, als täglich 60 000 bis 70 000 Taschenbücher verkauft wurden, wegen der begrenzten Aufnahmefähigkeit des Marktes rückläufig.

Es gab zwar schon seit der Mitte des 19. Jahrhunderts mit der Reclams Universal-Bibliothek einen Vorläufer des Taschenbuchs, der unserem heutigen in Ausstattung, Preis und Vertriebsform glich. Der Themenkatalog war jedoch durch ein bürgerliches Bildungsideal bestimmt und konnte keine neuen Käuferschichten ansprechen. Die ersten modernen Taschenbücher waren deshalb wegen der Unübersichtlichkeit des Marktes von einer gewissen intellektuellen Anspruchslosigkeit bestimmt, die zahllose Kritiker die Gefahr einer Nivellierung des kulturellen Angebots beschwören ließ. Das magere Angebot der ersten Jahre (vorwiegend gehobene Unterhaltungsliteratur, fast ausschließlich Zweitveröffentlichungen) differenzierte sich jedoch mit den Erfahrungen der Verleger sehr schnell. Die allgemeinen Reihen dienen jetzt hauptsächlich der Vermittlung zeitgenössischer Literatur und aktuellem Wissen. Daneben sind zahlreiche Sonderreihen entstanden, die zum Teil sehr beachtliche Arbeiten aus allen Wissensgebieten enthalten. Dieser Gewinn an Eigenständigkeit wird auch an der ständig wachsenden Zahl der Originalveröffentlichungen bzw. der deutschen Erstveröffentlichungen ausländischer Werke deutlich. In der Bundesrepublik waren 1964 von 21 000 Erstveröffentlichungen 1545 Taschenbücher.

Trotz deutlicher Qualitätsverbesserungen wird das Taschenbuch nicht den Buchtyp der Zukunft repräsentieren können, da durch die kalkulatorisch notwendigen Auflagen die Pionierarbeit des Originalverlegers für die Disposition einer Taschenbuchreihe weiterhin unerläßlich bleibt. Das Taschenbuch seinerseits schafft die ökonomischen Grundlagen für diese Arbeit und trägt zur Erweiterung der Basis des traditionellen Buchvertriebs bei. Entgegen den ursprünglichen Befürchtungen ist das Taschenbuch so nicht zum Konkurrenten, sondern zum Partner des Originalbuchs geworden.

A *Fragen zum Textinhalt:*

1. Welche Vorteile hat das Taschenbuch gegenüber dem normalen Buch?
2. Was unterscheidet das Taschenbuch vom normalen Buch?
3. Welche Art von Veröffentlichungen eignen sich für Taschenbücher?
4. Welchen Buchtyp bevorzugen Sie, und warum tun Sie das?

B *Drücken Sie den Inhalt folgender Sätze mit Worten aus dem Text aus!*

1. Taschenbücher sind auch in Kaufhäusern zu haben. (9)
2. Der Typ des Taschenbuchs stammt aus den angelsächsischen Ländern. (21)

3. Eine gewisse Anspruchslosigkeit der ersten modernen Taschenbücher ließ bei den Kritikern die Gefahr einer Nivellierung befürchten. (38)

C *Aufgaben zur Erweiterung des Wortschatzes und des Ausdrucks.*

1. Welche Einbandarten kennen Sie bei Büchern?
2. Kennen Sie den Produktionsweg vom Manuskript bis zum fertigen Buch? Nennen Sie die einzelnen Produktionsstufen!
3. Welche Berufe sind an der Herstellung und dem Vertrieb eines Buches beteiligt?

D *Ergänzen Sie die fehlenden Wörter und Endungen!*

1. Das Taschenbuch wurde ... interessanten Objekt des Verlagswesens.
2. Taschenbücher sind ... Konsumgut geworden.
3. Taschenbücher sind nicht ... Aufbewahrung in Bibliotheken bestimmt.
4. Schon im vorigen Jahrhundert gab ... billige Bücher, die ... heutigen Taschenbücher ... d– Ausstattung und im Preis glichen.
5. Taschenbücher dienen hauptsächlich ... Vermittlung modern– Literatur und aktuell– Wissen.
6. Die Beliebtheit des Taschenbuchs wird vor allem ... d– steigenden Absatzzahl deutlich.
7. Taschenbücher tragen ... Verbreitung des Bildungsgutes bei.

E
Ein neues Taschenbuch ist erschienen.
Wovon ist die Rede? – ... von dem Erscheinen eines neuen Taschenbuchs ...

1. Viele wertvolle Bücher werden in öffentlichen Bibliotheken aufbewahrt.
   Wovon ist die Rede? – ...
2. Die Taschenbücher sind sehr bescheiden aufgemacht.
   Wovon ist die Rede? – ...
3. Die Verleger kalkulieren die Taschenbücher sehr scharf.
   Wovon ist die Rede? – ...

4. Die Produktion von Taschenbüchern ist angestiegen.
   Wovon ist die Rede? – ...
5. Der Büchermarkt ist nur begrenzt aufnahmefähig.
   Wovon ist die Rede? – ...
6. Moderne Taschenbücher vermitteln zeitgenössische Literatur und aktuelles Wissen.
   Wovon ist die Rede? – ...
7. Die Qualität der Taschenbücher hat sich deutlich verbessert.
   Wovon ist die Rede? – ...
8. Man befürchtete ursprünglich, daß das Taschenbuch zum Konkurrenten des Originalbuches würde.
   Wovon ist die Rede? – ...

die Eroberung des Marktes durch die Taschenbücher:
Die Taschenbücher haben den Markt erobert.

9. die Verbesserung der Aufmachung der Taschenbücher:
   ...

10. die Herausgabe einer neuen Taschenbuchreihe durch einen bekannten Verlag:
    ...

11. die Veröffentlichung vieler wissenschaftlicher Werke in Taschenbüchern:
    ...

12. das Angebot der Verlage an Taschenbüchern für einen großen Käuferkreis:
    ...

13. die Schaffung der ökonomischen Grundlagen für die Herausgabe von Taschenbüchern:
    ...

Die neue Architektur

Heute hat sich die neue Architektur so über alle Länder der Erde ausgebreitet, daß man überall bestrebt ist, die in technischer, konstruktiver und soziologischer Hinsicht als richtig erkannten Voraussetzungen zu übernehmen. Die dadurch entstandene Gleichförmigkeit der vielerorts nur mittelmäßig bleibenden Lösungen hat zu der irrtümlichen Annahme geführt, es gäbe so etwas wie einen internationalen Stil. Wahr ist jedoch nur, daß die industriellen Voraussetzungen des neuen Bauens, die Formen der Standardisierung, der technischen und funktionalen Raumorganisation, überall aufgenommen werden können, wenn sie an irgendeinem Punkt der Erde einmal formuliert worden sind. Kommunikation und Information sind alles beeinflussende Phänomene geworden. Alles ist heute mit allem verbunden, nichts kann mehr herausgelöst werden.

Innerhalb der verschiedenen neu entstandenen Bauaufgaben tritt der Wohnungsbau für die Massen immer mehr in den Vordergrund. Die immer stärker werdende Konzentration von Menschen in Großstädten und die unvermindert anhaltende Dynamik der Bevölkerungsbewegungen zwingen zu neuen Vorstellungen des urbanistischen Denkens, zu neuen Konzeptionen des Städtebaus, zur Bejahung und Lösung von Superstädten, in denen mehr als zehn Millionen Menschen in sinnvollem Miteinander leben können. Neue Konstruktionstechniken sowie neue, meist leichte Baustoffe haben zahlreiche bislang utopisch erscheinende Projekte verwirklichungsfähig gemacht. Aufgehängte Membrandächer, Zeltbauten, Häuser aus Aluminium und Plastikstoffen haben Möglichkeiten erbracht, die uns alle bedrängenden Probleme einer Massenarchitektur zu lösen.

Auch die einzelnen Bauaufgaben selbst haben sich in den letzten beiden Jahrzehnten entscheidend gewandelt und so unsere veränderte soziale Realität sichtbar gemacht. Gemeinschaftsbauten sowie große Hallen für Sport, Versammlungen und kulturelle Veranstaltungen haben an Bedeutung gewonnen.

Der Industriebau, der früher die Wohnsphäre beeinträchtigte, dann nach den Prinzipien des neuen Bauens aus dem Stadtgebiet entfernt wurde, hat durch seine veränderten Funktionen heute wieder stärkere Einbindungsmöglichkeiten in den Lebenszusammenhang erhalten.

Eine entscheidende Rolle spielen die Bauten für den Verkehr, und zwar nicht nur Bahnhöfe, Tankstellen, Hochgaragen und Flughafengebäude, sondern auch die Straßen selbst, die den großstädtischen Anforderungen gemäß zu mehrgeschossigen Verkehrsbauten geworden sind und deren Verhältnis zu den Zentren der Arbeit und der Erholung besondere Beachtung verdient.

Am augenfälligsten ist jedoch die Wandlung im Wohnbau, wenn auch die Masse der neu erstandenen Häuser nicht den vorhandenen Möglichkeiten entspricht. Es gilt, die legitimen Wünsche des einzelnen in allen Konsequenzen – das bedeutet vor allem Variabilität in den Wohnungsgrößen – mit den Gegebenheiten und Begrenzungen des Ganzen in Einklang zu bringen. Die traditionellen Wohnvorstellungen vom Einfamilienhaus oder vom Zeilenhaus an der Straße lassen sich heute nicht mehr den größeren Zusammenhängen einfügen. Neue Typen des Wohnens sind daher notwendig geworden. Verschiedene Hochhausformen oder die in jüngster Zeit vorgeschlagenen Varianten des Terrassenwohnbaus kommen einerseits den Wunschvorstellungen vom Einfamilienhaus mit Garten entgegen und bieten andererseits zugleich den größeren Komfort der städtischen Atmosphäre mit ihren vielgestaltigen Anregungen und Erleichterungen.

Die gegenwärtige Situation hat eine Vielzahl von neuen Strukturen für Städte und Superstädte mit sich gebracht, die realistisch diskutiert werden müssen, damit für die zukünftige Entwicklung neue Konzeptionen erschlossen werden können. Das auch gegenwärtig noch zu beobachtende Festhalten am veräußerlichten Formenkanon vergangener Epochen, das gerade in letzter Zeit wieder stärker hervortretende Bemühen einer Angleichung an bestimmte Vorstellungen des Barocks, des Klassizismus oder des Jugendstils sind nur Versuche, den vor uns stehenden Problemen der Gegenwart und der Zukunft auszuweichen.

Udo Kultermann

A *Fragen zum Textinhalt:*

1. Worauf ist die Ansicht zurückzuführen, es gäbe einen internationalen Stil in der modernen Architektur?
2. Welche Rolle spielt der Wohnungsbau in der modernen Zeit?
3. Wo liegen die Probleme bei der Planung von Industriebauten und von Geschäftshäusern?

4. Was für Vorschläge würden Sie machen, wenn Sie auf die moderne Städteplanung Einfluß nehmen könnten?
5. Kennen Sie Städte, in denen die Stadtplaner eine glückliche Lösung für die Modernisierung ihrer Stadt gefunden haben? Erklären Sie, weshalb Sie diese Lösung für geglückt ansehen!

B *Drücken Sie den Inhalt folgender Sätze mit Worten aus dem Text aus!*

1. Die neue Architektur hat in der ganzen Welt Verbreitung gefunden. (2)
2. Die gleichförmige Architektur in der ganzen Welt läßt irrtümlicherweise annehmen, es gäbe eine Art internationalen Stil. (5)
3. Gemeinschaftsbauten sind wichtiger geworden. (29)
4. Die Bauten für den Verkehr werden als vorrangig angesehen. (34)
5. Am auffälligsten hat sich in den letzten Jahren der Wohnungsbau gewandelt. (40)
6. Die Menge der neuerbauten Wohnungen stimmt nicht mit dem Bedarf an Wohnungen überein. (42)
7. Der Wohnungsbau muß mit den Wünschen der Wohnungssuchenden abgestimmt werden. (45)

C *Aufgaben zur Erweiterung des Wortschatzes und des Ausdrucks.*

1. Nennen Sie die Ihnen bekannten Baustile!
2. Welche Berufe sind an der Planung und am Bau eines Gebäudes beteiligt?
3. Wie heißen die Personen, die diese Berufe ausüben?
4. Welche Arten von Bauten werden im Text genannt? Welchem Zweck dienen diese Bauten?
5. Nennen Sie die Lebensbereiche innerhalb einer größeren Stadt! Wodurch sind diese Lebensbereiche besonders gekennzeichnet?

D *Ergänzen Sie die fehlenden Wörter und Endungen!*

1. Die neue Architektur hat ... überall ... Europa ausgebreitet.
2. Die rege Bautätigkeit in der Stadt hat ... der Bevölkerung ... d– Annahme geführt, daß damit die Verkehrsmisere in der Innenstadt beseitigt werden soll–.
3. Beim Städtebau ... der moderne Wohnungsbau immer mehr in den Vordergrund.

4. Die Technik des Hausbaus hat ... in den letzten Jahrzehnten entscheidend gewandelt.
5. Man versucht bei der Städteplanung, die Bauweise ... d– Erfordernissen des modernen Lebens in Einklang ... ...

E
Es gibt einen internationalen Baustil.
Man ist zu der irrtümlichen Annahme gekommen, es gäbe einen internationalen Baustil.

1. Man hat bei diesem Bau neue Konstruktionstechniken angewendet.
   Ich hatte irrtümlicherweise angenommen, ...
2. Die Wohnungsknappheit in den Großstädten wird sich im Laufe der Jahre beseitigen lassen.
   Man hatte vergeblich gehofft, ...
3. Der Bau von Hoch- und Tiefgaragen beseitigt die Parkraumnot in der Innenstadt.
   Die städtische Baubehörde war der irrigen Meinung, ...
4. Die Umgehungsstraße kann den Straßenverkehr in der Innenstadt vom Durchgangsverkehr entlasten.
   Hoffentlich haben die Stadtplaner mit ihrer Auffassung recht, ...
5. Die Hauptstraße führt direkt zum Bahnhofsvorplatz.
   Ich war irrtümlicherweise der Auffassung, ...
6. Man darf seinen Wagen auf dem Randstreifen der Autobahnen parken.
   Der Kraftfahrer hatte fälschlicherweise geglaubt, ...

Es sind in den letzten Jahren verschiedene Bauaufgaben neu entstanden. Wovon wurde gerade gesprochen? – Von den verschiedenen neu entstandenen Bauaufgaben der letzten Jahre.

7. In den Großstädten wird die Konzentration von Menschen immer stärker.
   Wovon wurde gerade gesprochen? – Von ...
8. Die Dynamik der Bevölkerungsbewegungen hält unvermindert an.
   Wovon wurde gerade gesprochen? – Von ...
9. In jüngster Zeit sind neue Varianten des Terrassenwohnbaus vorgeschlagen worden.
   Wovon wurde gerade gesprochen? – Von ...
10. Die neue Architektur hat sich über alle Länder der Erde ausgebreitet.
    Wovon wurde gerade gesprochen? – Von ...

Das teuerste Chaos der Welt

Die totale Motorisierung hat erst jetzt begonnen. Stimmen die Prognosen, dann wird in den allernächsten Jahren jeder Berufstätige sein Auto besitzen und seinen Platz – hauptsächlich auf den Stadtstraßen – beanspruchen... Die Platzansprüche, die wir heute an die Straßen stellen, sind unglaublich. Keine unserer Städte ist darauf angelegt gewesen. Der Platz, den der sich bewegende Mensch brauchte, wurde durch die Weite seiner Schritte und die Breite seiner Schultern bestimmt.

Das ist unser Dilemma: Jeder weiß, daß jedes Auto mehr die Situation verschlimmert; jeder, der kann, kauft sich ein Auto, ob er es aus Berufsgründen braucht oder nicht. Wer nur aber einmal das glückliche Gesicht eines frischgebackenen Autobesitzers gesehen hat, wird wissen, daß *die* Lösung des Verkehrsproblems überhaupt nicht in Frage kommt: auch nur *einen* Menschen der Demütigung des Verzichtenmüssens zu unterwerfen.

„Das allgemeine Verkehrschaos ist vorläufig nirgendwo abwendbar", erklärt deshalb auch Professor Sill, der Leiter des Hamburger Tiefbauamtes, offen. Jeder sechste Erwachsene hat bereits ein Auto; in Frankfurt jeder fünfte. Wenn unsere Wirtschaft nicht zusammenbricht und der einzige konstante menschliche Trieb, der Drang nach Bequemlichkeit, sich kein anderes Vehikel sucht, fahren bald mehr Millionen Autos bei uns – und noch lange nicht ist dann die totale Motorisierung beendet, die jedem zweiten sein Auto bringen soll: eine Vorstellung, die eigentlich nur noch Gedanken an radikale Lösungen zuläßt...

Zwischen neunhunderttausend- und einer millionmal am Tag wünschen in einer Millionenstadt Zufußgehende transportiert zu werden. In der gleichen Stadt bewegen sich täglich etwa dreihunderttausend Autos. Wenn diese Autos alle nun lediglich irgendwohin führen, gäbe es kein Problem, und niemand brauchte im Nächsten den Konkurrenten zu verachten. Aber es ist nicht so. Fast die Hälfte des gesamten Verkehrs konzentriert sich ausgerechnet auf den Teil der Stadt, in dem am wenigsten Platz ist, in dem der Quadratmeter Boden bis zu zweitausend Mark kostet: auf die Innenstadt, die City...

Eine europäische Innenstadt, die etwa ein Zehntel der gesamten Stadtfläche ausmacht, beherbergt der Zahl nach ein Drittel bis ein Viertel aller

Betriebe. Langsam ist der Stadtkern zu dem geworden, was der Tradition gemäß nur Osten und Norden waren: ein einziger, riesiger Arbeitsplatz, ein Ort, der dann in Leere und Trostlosigkeit zusammensackt, wenn der Stadtmensch Zeit hätte, sein werktags unterdrücktes Bewußtsein, Städter zu sein, wieder aufzurichten: am Sonntag. Abhängig von erfreulichen Bildern, bleibt dem Menschen nichts übrig, als das Grüne aufzusuchen, wo er dann das gleiche wie wochentags in der Stadt vollbringt, das Verkehrschaos...

Alle diese (vorher erwähnten) Lösungen sind Kompromisse, die nur dort nicht nötig sind, wo der Krieg alles zerstört hat. Rotterdam hat sich auf diese Weise zu der phantastischsten aller möglichen Lösungen entschlossen. Alles, was nicht zueinander gehört, wurde getrennt. Schmale Fußgänger-Ladenstraßen halten alle Autos auf den zahlreichen Parkplätzen am Rande des Einkaufszentrums zurück. Abgesperrte Speditionsstraßen machen es möglich, Läden und Betriebe ungestört von der Rückseite her zu versorgen. Alle Unternehmen mit gleicher Wirtschaftsaufgabe wurden auf einen Punkt zusammengeführt. Alle kleinen und mittleren Betriebe vereinigt die Stadtplanung in Gewerbehöfen. Wohn- und Arbeitsgebiet aber bleiben streng voneinander getrennt.

Jede Großstadt des Westens hat ihr eigenes Chaos. Jede muß ihr eigenes Mittel gegen die Folgen des modernen Bewegungsdranges finden. Eines aber scheint festzustehen: daß um so mehr Autos in den Verkehr kommen, je schlechter es um die öffentlichen Verkehrsmittel bestellt ist. Vor wenigen Jahren noch war das baldige Ende der Straßenbahn vorausgesagt worden.

Jetzt haben die Experten herausgefunden, daß die Elektrische mit ihrem Fassungsvermögen von dreihundertdreißig Personen pro Zug und mit ihrer hohen Rentabilität das einzige geeignete Massenverkehrsmittel für unsere Um-die-Millionen-Städte sein kann. Sein kann: wenn man, wie in Brüssel, die Autos über und die Straßenbahn unter der Straße fahren läßt. Auch Zürich und München wollen durch Tiefbahnen und durch kreuzungsfreie Autostraßen den unbarmherzigen Straßenkampf gegen den Konkurrenten beenden, der es mit sich gebracht hat, daß wir uns mitsamt unseren Autos mit der gleichen Geschwindigkeit bewegen wie unsere Vorfahren vor hundert Jahren mit der Pferdebahn.

Zwölf Kilometer in der Stunde schafften diese Vehikel, denen der Spott von uns Emporgekommenen des technischen Zeitalters gilt, auch.

Wolfgang Schraps

A *Fragen zum Textinhalt:*

1. Welche Probleme bringt die immer stärker werdende Motorisierung mit sich?
2. Welche Motive veranlassen jemanden, sich ein Auto anzuschaffen?
3. Welchen Nutzen zieht der Autobesitzer aus seinem Wagen? Welche Nachteile muß er in Kauf nehmen?
4. Wie kann man dem allgemeinen Verkehrschaos am besten begegnen?

B *Drücken Sie den Inhalt folgender Sätze mit Worten aus dem Text aus!*

1. Er hat sich gerade ein Auto gekauft. (Umgangssprache!) (11)
2. Das Verkehrschaos kann nicht beseitigt werden. (14)
3. Der Ort versinkt in Trostlosigkeit. (36)
4. Der Städter hat nur die Möglichkeit, sich zu erholen, wenn er in die Natur hinausfährt. (39)
5. Die Einzelhandelsgeschäfte werden vom Großhändler mit Waren beliefert. (49)
6. Der Sportwagen fährt bis zu 230 Kilometer in der Stunde. (68)

C *Aufgaben zur Erweiterung des Wortschatzes und des Ausdrucks.*

1. Welche Arten von öffentlichen Verkehrsmitteln innerhalb eines Stadtbereichs gibt es?
2. Beschreiben Sie die Betriebsart und das Verkehrsverhalten der einzelnen öffentlichen Verkehrsmittel in einer Stadt! Wägen Sie die Vor- und Nachteile dieser Verkehrsmittel gegeneinander ab!
3. Welche Arten der Verkehrsregelung gibt es im Stadtbereich?
4. Beschreiben Sie richtiges und falsches Verkehrsverhalten von Fußgängern, von Benutzern öffentlicher Verkehrsmittel und von Kraftwagenfahrern!

D *Ergänzen Sie die fehlenden Wörter und Endungen!*

1. Alle Kraftfahrer beanspruchen . . . d– Stadt ein– Parkplatz.
2. In der heutigen Verkehrssituation werden hohe Ansprüche . . . d– Zustand der Straßen . . .
3. Nicht alle Städte sind . . . d– wachsenden Verkehr angelegt.
4. Viele Leute benötigen . . . Berufsgründen ein Auto.

5. Vor Arbeitsbeginn und ... Büroschluß konzentriert ... der Hauptverkehr ... d– Innenstadt.
6. Den Verkehrsteilnehmern bleibt nichts anderes übrig, ... der Verkehrssituation anzupassen.
7. Das Straßennetz muß ... jeden Preis weiter ausgebaut ...
8. Die Stadtverwaltung hat ... ... umfassend– Maßnahmen entschlossen, ... d– Verkehrsmisere Herr zu werden.
9. Es kommen um so mehr Autos in den Verkehr, ... schlechter es ... die öffentlichen Verkehrsmittel bestellt ist.
10. Ein U-Bahn-Zug hat ein Fassungsvermögen ... mehr als 300 Personen.

E
Wir müssen unbedingt einen Parkplatz suchen.
Es bleibt uns nichts anderes übrig, als einen Parkplatz zu suchen.

1. Ich muß mir unbedingt einen neuen Wagen kaufen.
   Es ...
2. Die Stadtverwaltung muß unbedingt die Straße verbreitern lassen.
   Es ...
3. Es müssen unbedingt Lösungen für das andauernde Verkehrsproblem gefunden werden.
   Es ...
4. Es müssen unbedingt U-Bahnen gebaut werden.
   Es ...

Es scheint, daß die totale Motorisierung erst jetzt begonnen hat.
Die totale Motorisierung scheint erst jetzt begonnen zu haben.

5. Es scheint, daß das allgemeine Verkehrschaos vorläufig nirgendwo abwendbar ist.
   ...
6. Es scheint, daß die Städte an Sonn- und Feiertagen in Trostlosigkeit versinken.
   ...
7. Es scheint, daß die Verkehrsexperten eine Lösung der Verkehrsprobleme gefunden haben.
   ...

Durch die starke Motorisierung sind große Verkehrsprobleme entstanden.
Die starke Motorisierung hat es mit sich gebracht, daß große Verkehrsprobleme entstanden sind.

8. Durch die Baustellen auf den Straßen treten ständig Verkehrsstockungen auf.
...
9. Durch die Parkraumnot in der Innenstadt sind viele Autobesitzer dazu übergegangen, wieder öffentliche Verkehrsmittel zu benutzen.
...
10. Durch den Bau der Umgehungsstraße ist die Innenstadt vom Fernverkehr entlastet worden.
...
11. Durch die Konzentration der Betriebe auf den Stadtkern ist dort eine empfindliche Parkraumnot entstanden.
...

Autobahn — ein gefährlicher Weg

Steigende Unfallzahlen auf den großen Fernstraßen /
Statistik der Landpolizei

MÜNCHEN — Viele Verkehrsteilnehmer mißachten bewußt oder gewollt grundlegende Verkehrsregeln. Sie nehmen dabei das Risiko in Kauf, sich und andere Verkehrsteilnehmer zu gefährden. Zu diesem Ergebnis kam die Landpolizei Oberbayern bei der Untersuchung der Hauptunfallursachen im Jahre 1969.

Dicht mit verschiedenfarbigen Stecknadeln gespickt ist die Unfalltypenkarte der Landpolizeidirektion. Jede Nadel steht für einen der 35 340 Unfälle, die sich im vergangenen Jahr in Oberbayern ereigneten. 705 Personen, im Durchschnitt also zwei Verkehrsteilnehmer pro Tag, fanden den Tod auf der Straße. Das sind um 1,4 Prozent mehr als 1968. Nicht weniger erschreckend ist die Statistik der verletzten Personen, die mit 16 008 um 2,4 Prozent zugenommen haben. Insgesamt ist die Zahl der Verkehrsunfälle um 8,4 Prozent gestiegen.

Die gefährlichsten Straßen sind nach wie vor die Autobahnen. Hier entfielen durchschnittlich auf zehn Kilometer Fahrstrecke 123 Unfälle. Danach folgen mit 60 Unfällen die Bundesstraßen, mit 30 die Staatsstraßen und mit 11 die Kreisstraßen. Unter den Autobahnen liegt die Strecke München–Salzburg an der Spitze: 1813mal hat es hier gekracht, 35 Menschen fanden den Tod, 829 wurden verletzt. Recht unfallträchtig ist auch wieder die Autobahn München–Nürnberg/Regensburg mit 1226 Unfällen mit 26 Toten und 622 Verletzten. Bei den Bundesstraßen passierten die meisten Unfälle auf der B 304 West im Landkreis Dachau. 219 Unfälle gab es auf je zehn Kilometer. Ihr folgt sofort die Olympiastraße, die B 2 Süd, von Starnberg bis Garmisch: 134 Unfälle auf zehn Kilometer mit insgesamt 13 Toten und 416 Verletzten.

Gleichgültig auf welchem Straßentyp sich die Unfälle ereigneten, die Hauptursache war überall die gleiche, nämlich mit 21,9 Prozent zu schnelles Fahren. Fehler beim Überholen, Vorbeifahren und Begegnen machen 20,9 Prozent aus, zu dichtes Auffahren 12,7 Prozent. Alkoholeinfluß rangiert mit 6,6 Prozent erst an sechster Stelle hinter Nichtbeachten der Vorfahrt. Die Landpolizeidirektion wertete es als besonders erfreulich, daß die Alkoholunfälle gegenüber dem Vorjahr um 6,9 Prozent abgenommen haben.

Die jungen Leute zwischen 16 und 25 Jahren sind besonders gefährliche und gefährdete Verkehrsteilnehmer. Wie aus der Statistik hervorgeht, verursachte diese Altersgruppe 6685 Unfälle. Zwischen 16 und 25 Jahre alt war auch der größte Prozentsatz der bei Verkehrsunfällen Verletzten und Getöteten. Diese jungen Leute hätten einen großen Teil der Unfälle vermeiden können, wie aus der Statistik hervorgeht. Übermäßige Geschwindigkeit und riskantes Überholen waren die Hauptursachen. Bei dieser Altersgruppe steht Alkoholeinfluß schon an dritter Stelle.

Die Polizei hat festgestellt, daß insgesamt bei 76 Prozent der Unfälle die Fahrer selbst die Schuld tragen. Auf die Straßenverhältnisse – Fahrbahnglätte durch Schnee, Eis, Öl oder Laub, Unübersichtlichkeit und Frostaufbrüche – treffen nur neun Prozent der Unfallursachen. Bei den technischen Mängeln stehen schlechte Reifen an erster Stelle. Über die Hälfte der Wartungsmängel bezieht sich auf die Bereifung, erst dann folgen mit 17,7 Prozent die ungenügenden Bremsen.

Die Statistik könnte man auch zur Wetterrückschau oder zur Urlaubsübersicht auswerten. An sonnigen Wochenenden waren die Straßen in südlicher Richtung überfüllt, und die Sirenen der Unfallwagen kamen nicht mehr zur Ruhe; regnerisches Wetter garantierte den diensthabenden Beamten dagegen einen ruhigen Sonntag. Wie jedes Jahr brachte der Urlauberstrom von Norden wieder eine Häufung von Unfällen mit sich. In den Reisemonaten Juli und August, aber auch im Dezember und Januar, die mit ihren vielen Feiertagen die Skifahrer hervorlockten, ging es am ärgsten zu.

Auffallend angestiegen sind die Unfälle, die durch Wild entstanden sind. Insgesamt wurden der Landpolizei Oberbayern 2369 Unfälle mit einem Sachschaden von über einer Million Mark bekannt. Dabei wurden 92 Personen getötet. Das bedeutet eine Steigerung gegenüber 1968 von über 50 Prozent. „Dies ist aber mit Sicherheit nicht als echte Zunahme dieser Unfälle zu werten, sondern ist vielmehr eine Auswirkung der geänderten Bedingungen der Kraftfahrzeughaftpflichtversicherung", heißt

es in der Landpolizeidirektion. Während früher ein Ersatz für Schäden durch Wildunfälle von den Versicherern nur bei Abschluß einer Vollkaskoversicherung geleistet wurde, sind nunmehr diese Schäden, soweit
75 sie 250 Mark übersteigen, auch in die Teilkaskoversicherung einbezogen. Nachdem die Entschädigung nur nach Meldung bei der Polizei gewährt wird, werden jetzt viel mehr solcher Unfälle bekannt.

Angelika Schmidt

A *Fragen zum Textinhalt:*

1. Aus welchem Grunde kommt es immer wieder zu Verkehrsunfällen?
2. Wie lassen sich Unfälle auf den Straßen vermeiden?
3. Zu welchen Zeiten passieren die meisten Unfälle?
4. Welche Rolle spielen Jahreszeit und Wetterlage als Unfallursache?
5. Welches Verhalten im Straßenverkehr ist auf den Aggressions- und Jagdtrieb des Menschen zurückzuführen? Geben Sie Beispiele aus eigenen Beobachtungen!

B *Drücken Sie den Inhalt folgender Sätze mit Worten aus dem Text aus!*

1. Viele Verkehrsteilnehmer gehen das Risiko ein, daß sie sich und andere gefährden. (4)
2. In der Übersichtskarte stecken viele farbige Stecknadeln. (8)
3. Täglich sterben durchschnittlich zwei Menschen im Straßenverkehr. (12)
4. Die Zahl der Unfallverletzten ist gegenüber dem Vorjahr größer geworden. (14)
5. Die Autobahn München–Salzburg steht in der Unfallstatistik an erster Stelle. (20)
6. Auf der Bundesstraße 20 ist ein Unfall passiert. (Umgangssprache!) (20)
7. Zwei Menschen sind bei dem Unfall ums Leben gekommen. (21)
8. Bei den Unfallursachen beträgt falsches Fahrverhalten nahezu 21 Prozent. (31)
9. Im Vergleich zum Vorjahr sind die Unfälle, die auf Alkoholeinfluß zurückzuführen sind, zurückgegangen. (35)
10. An den Grenzübergangsstellen nach Österreich war am Wochenende ruhiger Verkehr. (55)
11. Die Versicherung deckt auch Schäden, die durch Wild entstanden sind. (70)

C *Aufgaben zur Erweiterung des Wortschatzes und des Ausdrucks.*

1. Welche Arten von Straßen werden im Text genannt?
2. Welche Unfallursachen werden erwähnt? Nennen Sie noch weitere mögliche Unfallursachen!
3. Welche Art von Versicherungen muß ein Kraftfahrer abschließen, wenn er ein Fahrzeug in Betrieb nimmt? Nennen Sie weitere Möglichkeiten, wie man sich vor den Auswirkungen eines Schadens schützen kann! Welche Versicherungen kommen dafür in Betracht?

D *Ergänzen Sie die fehlenden Wörter und Endungen!*

1. Wer ein Kraftfahrzeug fährt, muß immer das Unfallrisiko in Kauf ...
2. Im vergangenen Jahr haben ... in Oberbayern mehr ... 35 000 Verkehrsunfälle ereignet.
3. Zwei Personen haben bei dem Verkehrsunfall den Tod ...
4. Die Zahl der Verletzten hat laut Statistik ... 2,4 Prozent zugenommen.
5. Alkoholunfälle haben ... Vorjahr ... 6,9 Prozent abgenommen.
6. Sonntags kommen die Unfallwagen nicht mehr ... Ruhe.
7. Der starke Verkehr an den Wochenenden bringt regelmäßig eine Erhöhung der Unfallzahlen mit ...
8. Der heutige Unfall ist ... ein Reh entstanden, das ... die Fahrbahn gewechselt ist.
9. Nach den Autobahnen folgen die Bundesstraßen ... 60 Unfällen ... durchschnittlich 10 Kilometer Fahrstrecke.
10. Nach mangelhaften Reifenprofilen folgen als Unfallursache ungenügende Bremsen ... 17,7 Prozent.

E

Laut Statistik verursachen Jugendliche häufiger Unfälle als Erwachsene.
Wie aus der Statistik hervorgeht, verursachen Jugendliche häufiger Unfälle als Erwachsene.

1. Laut Statistik sind übermäßige Geschwindigkeit und riskantes Überholen die häufigsten Unfallursachen.
   ...
2. Laut Gesetz können Jugendliche erst ab 18 Jahren den Führerschein erwerben.
   ...

3. Laut Polizeibericht waren mehr als 30 Fahrzeuge an dem Auffahrunfall auf der Autobahn beteiligt.
   . . .
4. Laut Straßenverkehrsordnung haben von rechts kommende Fahrzeuge die Vorfahrt.
   . . .

Der Autofahrer ist zu schnell gefahren.
Wodurch hat er den Unfall verursacht? – Durch zu schnelles Fahren. (Er hat den Unfall durch zu schnelles Fahren verursacht.)

5. Er hat den entgegenkommenden Autofahrer geblendet.
   Wodurch hat er den Unfall verursacht? – . . .
6. Er ist zu dicht aufgefahren.
   Wodurch hat er den Unfall verursacht? – . . .
7. Er hat die Vorfahrt nicht beachtet.
   Wodurch hat er den Unfall verursacht? – . . .
8. Er ist zu schnell gefahren.
   Wodurch hat er den Unfall verursacht? – . . .
9. Er hat vorschriftswidrig überholt.
   Wodurch hat er den Unfall verursacht? – . . .

Der Trick mit der Aufwertung

Wenn jemand „aufgewertet" wird, bedeutet das im allgemeinen, daß sein Ansehen wächst. Wenn eine Währung wie die Deutsche Mark aufgewertet wird, bedeutet es zwar das gleiche, doch bleibt bei alledem ein kleiner Unterschied: Die aufgewertete Person wird es künftig leichter haben im Leben, die aufgewertete Währungseinheit schwerer. Bezogen auf unsere eigene Währung bedeutet die Vokabel „Aufwertung" nämlich, daß die Deutsche Mark für den Ausländer teurer wird und die ausländische Währung für den DM-Besitzer billiger. Auf den ersten Blick mag das ein Vorteil sein. Wer billiger an fremdes Geld herankommt, der kann zum Beispiel im fremden Land komfortabler leben. Der deutsche Ferntourist würde also einer Aufwertung der Mark Beifall spenden. Ob diese Begeisterung anhält, wenn er wieder zu Hause ist, steht auf einem anderen Blatt. Er braucht ja nur daran zu denken, daß es umgekehrt der ausländische Tourist in Deutschland schwerer haben und die deutsche Fremdenverkehrswirtschaft das folglich spüren wird: Sie erhält einen Dämpfer – einen Konjunkturdämpfer nämlich.

Genau das ist normalerweise aber auch der Sinn einer Währungsaufwertung. Ein Land, dessen Währung „teurer", also eigentlich dadurch „besser" wird, handelt sich damit absichtlich eine schlechtere Wirtschaftslage ein. Denn ebenso wie die Währung wird ja auch die im Bereich dieser Währung hergestellte Ware auf dem Weltmarkt teurer, während die Ware der Konkurrenz billiger wird. Die Folgen: Der Export sinkt, die Importe steigen. Wie beim Fremdenverkehr muß auch hier die eigene Wirtschaft zugunsten der ausländischen zurückstecken. An diesem Punkt der Betrachtung wird aber noch eine dritte Seite der Angelegenheit sichtbar: Aufgewertet wird natürlich nur in einem Land, dessen Zahlungsbilanz- und Exportüberschüsse chronisch sind und deshalb die Kreise der Länder, bei denen es umgekehrt liegt, stören. Aber nach einer gewissen Zeit pflegen solche Überschüsse auch das Land, das sie produziert, zu stören. Aus dem ständigen Exportboom kann sich sehr leicht eine überhitzte Inlandskonjunktur entwickeln, deren unmittelbare Folge der Preisauftrieb, also die schleichende Inflation im Innern des Landes ist. Wer den Export durch das Mittel der Aufwertung im richtigen Augenblick

drosselt, hat also Aussichten, bei steigendem „Außenwert" der Währung
35 den „Binnenwert" des Geldes einigermaßen stabil zu halten. Wer dagegen
den richtigen Zeitpunkt dafür versäumt, der läuft Gefahr, daß der Export
sich etwas später ganz von selbst drosselt, weil die inflationären Produktionskosten die Preise der eigenen Ware auf dem Weltmarkt in die
Höhe treiben. In diesem Falle würde der Außenwert der Währung zwar
40 stabil bleiben, der Binnenwert aber sinken. Wir könnten im Ausland also
noch genauso gut leben wie vorher, im eigenen Heim aber benötigen wir
mehr Haushaltsgeld. Ein solcher Weg ist zwar zunächst bequemer, doch
besser ist meist der andere.

Werner Meyer-Larsen

A *Fragen zum Textinhalt:*

1. Welche Wirkung hat eine Geldaufwertung auf die Wirtschaft eines Landes?
2. Welche Vorteile hat sie für den Touristen, der ins Ausland fährt, und welche Nachteile muß er im Inland in Kauf nehmen?
3. Welche Wirkungen muß eine Geldabwertung auf die Wirtschaft eines Landes haben?

B *Drücken Sie den Inhalt folgender Sätze mit Worten aus dem Text aus!*

1. Die Touristen begrüßen die Aufwertung ihrer Währung. (11)
2. Ob die Exportkaufleute die Aufwertung begrüßen, ist eine andere Frage. (12)
3. Wer reich ist, hat keine Sorgen im Leben. (14)
4. Der Export ist zurückgegangen. (22)
5. Nach der Aufwertung mußte die Wirtschaft ihre Wünsche reduzieren. (24)

C *Aufgaben zur Erweiterung des Wortschatzes und des Ausdrucks.*

1. Welche Begriffe aus dem Bereich der Volkswirtschaft finden Sie im Text? Was versteht man unter diesen Begriffen?
2. Welche Währungseinheiten kennen Sie? Wo gibt es diese Währung?
3. Auf welchem Wege können Sie zu fremder Währung kommen? Erklären Sie, wie Sie das machen und welche Fakten dabei interessant sein können!

4. Nennen Sie die gegensätzlichen Sachverhalte:

Die Deutsche Mark ist aufgewertet worden.
...
Das Ansehen des Politikers ist gesunken.
...
Die Aufwertung kann für ein Land von Vorteil sein.
...
Die Wirtschaft hat es zur Zeit leicht.
...
Die Regierung will die Konjunktur beleben.
...
Die Preise sind gestiegen.
...

D *Ergänzen Sie die fehlenden Wörter und Endungen!*
1. Aufwertung der Währung bedeutet ... allgemeinen ein– Rückgang des Exports.
2. Eine Aufwertung scheint ... d– ersten Blick Vorteile zu ...
3. Die Zeitungen haben d– Konjunkturmaßnahmen der Regierung Beifall ...
4. ... d– ständigen Exportboom hat ... eine überhitzte Konjunktur entwickelt.
5. Der Export hat ... ganz ... selbst gedrosselt.
6. Die erhöhten Produktionskosten haben die Preise ... ... Höhe getrieben.
7. Nach einer Aufwertung ... der Außenhandel Gefahr, ausländische Kunden zu verlieren.

E
Die Exportwaren werden teurer. Die Waren der ausländischen Konkurrenz dagegen werden billiger.
Die Exportwaren werden teurer, während die Waren der ausländischen Konkurrenz billiger werden.
1. Die Deutsche Mark ist für den Ausländer nach der Aufwertung teurer geworden. Für den DM-Besitzer dagegen ist die ausländische Währung billiger geworden.
...
2. In den letzten Jahren ist der Export gesunken. Der Import dagegen ist erheblich gestiegen.
...

3. Im Jahre 1969 ist die Deutsche Mark aufgewertet worden. Der französische Franc dagegen ist abgewertet worden.
   . . .

Im Jahre 1969 ist die Deutsche Mark um 8% aufgewertet worden.
Wovon ist die Rede? – Von der Aufwertung der Deutschen Mark im Jahre 1969.

4. Im Sommer 1969 ist der französische Franc um 12% abgewertet worden.
   Wovon ist die Rede? – Von . . .
5. Im vergangenen Wirtschaftsjahr hat sich eine überhitzte Konjunktur entwickelt.
   Wovon ist die Rede? – Von . . .
6. Der Export ist durch die Aufwertung gedrosselt worden.
   Wovon ist die Rede? – Von . . .
7. Der Kauf von Deutscher Mark hat sich durch die Konjunkturmaßnahmen der Bundesregierung verteuert.
   Wovon ist die Rede? – Von . . .
8. Die Regierung hat die Einfuhrzölle gesenkt.
   Wovon ist die Rede? – Von . . .

Die Situation der deutschen Seehäfen

Der überseeische Großcontainerverkehr hat in den letzten Monaten eine geradezu stürmische Entwicklung genommen. Nachdem Ende 1968 und Anfang 1969 amerikanische und europäische Reedereien die ersten neuerbauten Behälterschiffe in Fahrt gesetzt hatten, sind in den letzten Monaten für den Nordatlantik- und Ostasienverkehr Fahrzeuge in Auftrag gegeben worden, deren Größe die bisherigen Vorstellungen weit übersteigt. Während die Containerschiffe von Hapag-Lloyd für den Nordatlantik- und Australdienst bei einer Geschwindigkeit von 21 bis 23 sm (Seemeilen) eine Kapazität von 720 bzw. (beziehungsweise) 1200 Containern besitzen, verfügen ihre für die Ostasienfahrt bestellten Schiffe bereits über eine solche von 1800 Behältern. Die jüngste Entwicklung sind die vor kurzem von dem amerikanischen Sealand-Konzern in Auftrag gegebenen 8 Containerriesen, die bei einer Geschwindigkeit von 33 sm ca. 2500 Container befördern können.

Dieser sich gegenwärtig in der weltweiten Linienfahrt vollziehende Strukturwandel läßt die Seehäfen nicht unberührt. Während für den konventionellen Stückgutumschlag ausgedehnte Kaischuppen, zahlreiche Kräne usw. benötigt werden, sind für die Abfertigung der Containerschiffe weite Kaiflächen zur Abstellung der zu verladenden und gelöschten Großbehälter erforderlich. Hinzu kommen bis zu 45 t (Tonnen) tragende Containerbrücken zum Beladen und Löschen der Seeschiffe sowie Spezialgeräte zur Bewegung und Stapelung der Behälter an Land. Schuppen sind nur für solche Behälter nötig, die nicht im Haus/Haus-Verkehr eingesetzt sind, sondern erst im Seehafen gepackt oder entladen werden. Alle Seehäfen der „Antwerp-Hamburg Range" haben – wie auch manche anderen europäischen Plätze – die neue Entwicklung rechtzeitig erkannt und sich auf sie durch entsprechende Investitionen eingestellt.

Bremen, das seit jeher einen bedeutenden Handel mit den USA aufzuweisen hat und den größten Teil des Nachschubs der US-Army abwickelt, begann mit diesen Investitionen sehr frühzeitig. Es konnte daher den amerikanischen Sealand-Konzern, der als erster im Mai 1966 einen transatlantischen Behälterdienst mit umgebauten Spezialschiffen aufnahm, veranlassen, neben Rotterdam und einem englischen Hafen auch seine Häfen in den Fahrplan einzubeziehen. Das Land Bremen hat in seinen beiden Hafenteilen, d. h. sowohl in Bremen selbst als auch in Bremerhaven, Containeranlagen geschaffen. Die bisherigen Behälterschiffe können bis Bremen durchlaufen und den Verladern und Empfängern den Vorteil geringerer Transportkosten für den binnenländischen Zu- und Ablauf zum Seehafen bieten. Die eingangs erwähnten Neubauten, die wegen ihrer Größe Bremen zum Teil nicht erreichen können, werden demnächst neue Umschlaganlagen innerhalb und außerhalb der Seeschleuse in Bremerhaven vorfinden.

Hamburg baut zur Zeit seinen in den Walterhofer Häfen am Burchard-Kai errichteten Containerterminal aus, der umfangreiche Ausdehnungsmöglichkeiten bietet und auch von den bestellten Containerriesen angelaufen werden kann. Außerdem können verschiedene in Hamburg von Privatfirmen errichtete Terminals Behälterschiffe abfertigen. Als großer Handels- und Industrieplatz mit guten Verbindungen nach allen Seiten bietet Hamburg den Reedern auch im Behälterverkehr ein umfangreiches Ladungsangebot. Lübeck errichtet Umschlaganlagen für den Containerverkehr mit Finnland.

Da Containerschiffe im Bau und Betrieb wesentlich teurer sind als konventionelle Fahrzeuge, werden die Reeder zu hohen Schiffgeschwindigkeiten und zur Konzentration auf eine begrenzte Zahl von Häfen gezwungen. So laufen – mit Ausnahme von Hapag-Lloyd – in der Nordatlantikfahrt die Behälterschiffe nicht mehr alle vier großen Häfen der Antwerp-Hamburg Range an, sondern beschränken sich auf zumeist zwei dieser Plätze. So verkehren Sealand und andere amerikanische Gruppen nach Rotterdam und Bremerhaven, eine Linie der United States Lines nach Antwerpen und Hamburg. Die für die Austral- und Ostasienfahrt gebildeten Schiffahrtskonferenzen erwägen, in jedem Land nur jeweils *einen* Hafen anzulaufen. Unter den deutschen Häfen kommen hierfür Bremerhaven oder Hamburg in Frage. Offen ist, für welchen dieser beiden Häfen sich die Konferenzen entscheiden werden. Für Bremerhaven spricht die kürzere Fahrtstrecke von See her, für Hamburg, daß in der Ostasien- und Australfahrt hier der Ladungsanfall seit jeher wesentlich größer ist als in Bremen. Das Ergebnis wird zeigen, ob die Containerreedereien bereits eine so starke Stellung besitzen, daß sie von sich aus die Häfen be-

stimmen können, oder ob – wie bisher im konventionellen Verkehr – das
Schiff der Ladung folgt. 70

Vergleichbare Zahlen über den Containerverkehr der Häfen der Antwerp-Hamburg Range liegen noch nicht vor. Es kann aber gesagt werden, daß Bremen/Bremerhaven, das den größten Teil des USA-Verkehrs an sich ziehen konnte, mit einem Umschlag von 30 600 Behältern im ersten Halbjahr 1969 ein hervorragendes Ergebnis erzielt hat. Auch die Zahlen 75 Hamburgs über den Containerumschlag steigen von Monat zu Monat erheblich. Es ist anzunehmen, daß es auch im Zeitalter des Behälterverkehrs beiden Plätzen gelingen wird, ihre Rolle als Welthäfen zu wahren, wobei allerdings offen ist, ob der Verkehr sich im bisherigen Umfange oder in anderer Weise auf beide Häfen aufteilen wird. 80

Gerd Möller

A *Fragen zum Textinhalt:*

1. Von welchen Neuerungen in der Frachtschiffahrt ist im Text die Rede?
2. Welche Vorteile bietet der Containerverkehr gegenüber dem Stückgutverkehr?
3. Welche Forderungen werden beim Containerverkehr an die Hafenanlagen gestellt?

B *Drücken Sie den Inhalt folgender Sätze mit Worten aus dem Text aus!*

1. Der Großcontainerverkehr hat sich in den letzten Monaten sehr schnell entwickelt. (2)
2. Viele Reedereien haben schon Containerschiffe in Betrieb genommen. (4)
3. Die neuen Schiffe können 1800 Behälter aufnehmen. (9)
4. Genaue Zahlen über den Containerverkehr gibt es noch nicht. (72)
5. Die Häfen Bremerhaven und Hamburg sind für den Containerverkehr geeignet. (63)
6. Bremerhaven erscheint wegen seiner kurzen Entfernung zur See günstig. (64)

C *Aufgaben zur Erweiterung des Wortschatzes und des Ausdrucks.*

1. Welche Wörter aus dem Schiffahrtswesen finden Sie im Text? Stellen Sie sie nach Sprachgruppen zusammen!
2. Welche Wörter beziehen sich auf das Transportwesen im allgemeinen?
3. Setzen Sie die geeigneten Verben ein!
   abstellen, anlaufen, beladen, entladen, löschen, verladen
   Die Stückgüter sind zur Verladung auf den Kaiflächen ... worden.
   Morgen werden die Stückgüter auf das Schiff ...
   Heute muß das Schiff erst noch ... werden.
   Wenn die Schiffsladung ... worden ist, kann mit dem Verladen begonnen werden.
   Das Schiff wird mit Hilfe von Spezialgeräten ...
   Auf dem Wege nach Amerika ... die Schiffe zwei englische Häfen ...

D *Ergänzen Sie die fehlenden Wörter und Endungen!*

1. Der Überseeverkehr hat ... d– letzten Jahren eine stürmische Entwicklung ...
2. Die Reedereien haben supermoderne Frachtschiffe ... Auftrag gegeben.
3. Die neuen Schiffe verfügen ... eine Kapazität von 1800 Behältern.
4. In der weltweiten Linienfahrt vollzieht ... ein Strukturwandel.
5. Die Spezialgeräte sind ... Bewegung und Stapelung der Behälter nötig.
6. Alle Seehäfen haben ... ... die neue Entwicklung in der Schiffahrt eingestellt.
7. Bremen hat ... jeher einen bedeutenden Handel ... d– USA aufzuweisen.
8. Hamburg kann auch bald ... d– Containerschiffen angelaufen werden.
9. Die hohen Kosten für den Bau von Containerschiffen zwingen d– Reeder ... hohen Schiffgeschwindigkeiten und ... Konzentration ... eine beschränkte Zahl von Häfen.
10. Die Containerschiffe müssen ... ... wenige Häfen beschränken, ... sie anlaufen können.
11. Von deutschen Häfen ... für diese großen Schiffe nur Hamburg oder Bremen in Frage.
12. Es ist noch nicht geklärt, ... welchen der beiden Häfen man ... entscheiden wird.
13. Die kürzere Fahrtstrecke spricht ... Bremen.
14. Bremen konnte den größten Teil des USA-Verkehrs ... sich ziehen.
15. Möglicherweise wird ... der Verkehr ... Hamburg und Bremen aufteilen.

E
Die Frachtschiffe laufen Rotterdam an. Die Reederei veranlaßte das.
Die Reederei veranlaßte, daß die Frachtschiffe Rotterdam anlaufen.

1. Die Ladung wird sofort gelöscht.
 Die Reederei veranlaßte, ...
2. Das Stückgut wird im Schuppen Nr. 25 eingelagert.
 Der Hafenkapitän veranlaßte, ...
3. Das Frachtschiff ist schon gestern abgefertigt worden.
 Der Kapitän hatte veranlaßt, ...

Das Frachtschiff läuft Rotterdam an. Die Reederei veranlaßte den Kapitän dazu.
Die Reederei veranlaßte den Kapitän, das Frachtschiff Rotterdam anlaufen zu lassen.

4. Die Ladung wird sofort gelöscht.
 Die Reederei veranlaßte den Kapitän, ...
5. Das Stückgut wird im Schuppen Nr. 25 eingelagert.
 Der Hafenkapitän veranlaßte die Reederei, ...
6. Das Frachtschiff ist schon gestern abgefertigt worden.
 Der Kapitän hatte die Zollbehörden veranlaßt, ...

Das Meer als Eiweißlieferant

Wie steht es mit der Nahrung aus dem Meere? Bis heute entspricht der Ertrag der Fischerei etwa dem Eiweiß eines Hühnereies für jeden Menschen der Erde pro Tag. Das sind etwa 10 Prozent des ganzen Bedarfs. Aber rechnen wir einmal nach: Wie steht es mit den Nahrungsreserven der Meere? Bis heute werden 40 Millionen Tonnen Fische jährlich gefangen. Die Menschheit braucht, um gesund zu bleiben, jährlich 24 Millionen Tonnen Eiweiß. In den 40 Millionen angelandeten Fischtonnen stecken 8 Millionen Tonnen Eiweiß. Das wäre also ein Drittel, wenn nicht durch Aufbereitung der Fänge, durch Abfall und durch die Fischmehlproduktion dieses Drittel auf zehn Prozent des benötigten Eiweiß schrumpfen würde. Wenn wir abfallos leben könnten und unsere Ernährungsgewohnheiten entscheidend änderten, könnten damit etwa 20 Milliarden Menschen ernährt werden. „Änderung unserer Ernährungsgewohnheiten" hieße: Wir müßten auf die verschwenderische Produktion von Fischmehl verzichten, das wir hauptsächlich zur noch verschwenderischeren Aufzucht von Geflügel brauchen. Wir müßten das Eiweiß der Meere so verwenden, wie es aus dem Meere kommt. Nahrungsgewohnheiten sind aber nur sehr schwer und sehr langsam zu ändern. Es wird mit Sicherheit nicht dazu kommen, daß die Menschheit sie so weit ändert, wie es nötig wäre, um unkonventionelle Nahrung aus dem Meer zu essen. Darum muß man also auf die Unterwasserforscher hoffen, denen es gelingen muß, zum Beispiel bekannte und wohlschmeckende Fische im Meer in großen „Herden" zu züchten und zu zeigen, wie man wohlschmeckende Algen in größeren Mengen anbauen kann.

Erste Erfolge hatte Jacques-Yves Cousteau vor ein paar Jahren. Er baute künstliche Felsen auf dem Meeresgrund, in denen beliebte Mittelmeerfische geschützt ablaichen konnten. Der Fischertrag ließ sich so schon entscheidend steigern.

Beim Symposium über Zukunftsfragen der Menschheit in München berichtete der Leiter der biologischen Station in Helgoland, Otto Kinne, von hochinteressanten ersten Beobachtungen. Schon nach kurzer Eingewöhnungszeit konnten die Fischmenschen der Unterwasserstation „Helgoland" auf dem Meeresgrund Beobachtungen machen, von denen man in der Überwasserstation auf Helgoland nichts gewußt hatte, obwohl die Station schon achtzig Jahre auf der Insel besteht. Seit Jahren beklagen sich beispielsweise die Hummerfischer der Insel über den Rückgang des Helgolandhummers. Heute schon müssen die Hummer teilweise aus Kanada eingeführt werden. Bisher nahm man an, daß das eine Folge des starken Fangs sei. Der Hummer galt als ein Höhlenbewohner, der seine Wohnung nicht aufgibt. Die jungen Biologen der Station konnten aber nun beobachten, daß der Helgolandhummer im Frühjahr, wenn die Fischereisaison beginnt, in großen Zügen über den Meeresboden in Richtung auf die nordfriesischen Inseln wandert.

Es gelang in Helgoland in der Unterwasserstation weiter zum ersten Male, die sehr gefährdeten Hummerlarven in besonderen Behältern zu schützen und größer werden zu lassen. Wahrscheinlich also wird es den Helgolandhummer bald wieder in größeren Mengen geben.

Eine weitere Beobachtung: Das Leben im Meer ist nachts ungleich reicher als am Tage. Fische strömen in großen Schwärmen zu unterirdischen Lichtquellen. Sie werden angelockt vom Meeresplankton, das ebenfalls zum Licht zieht. Man könnte sofort mit lichtgelenkter Fischzucht in günstigen Meeresgebieten beginnen. Die Fische gewöhnen sich rasch an die gute und reichliche Planktonnahrung, die die Lichtquellen unter Wasser nachts anziehen. Mit einfachen Vorrichtungen (Unterwasserstaubsauger zum Fischfang) könnte man die Fische, wenn sie groß genug geworden sind, „ernten". Das Ganze ist ein vielversprechender Anfang einer gelenkten Fischzucht in günstigen Meeresabschnitten. Die Japaner gewinnen beispielsweise schon lange eßbare Algen auf künstlichen Felsen vor ihren Küsten. Dieses System ließe sich überall nachahmen.

Den Biologen von „Helgoland" ist es weiter gelungen, Heringe künstlich zu erbrüten. In der Natur entstehen nur wenige Fische aus 10 000 Eiern. Die Biologen züchten heute aus je vier Eiern einen Fisch. Schon durch diese Ergebnisse hat die Helgoländer Unterwasserstation das in ihr angelegte Geld (eine Million Mark) leicht wieder hereingebracht. Man kann Professor Kinne nur unterstützen bei seiner Forderung, diese Art der direkten Unterwasserforschung auszubauen.

Jürgen von Hollander

A *Fragen zum Textinhalt:*

1. Was wird vorausgesetzt, wenn die Bevölkerung mit Nahrungsmitteln aus dem Meer versorgt werden soll?
2. Welche Versuche sind bisher unternommen worden, um das Meer als Nahrungsmittelquelle zu erschließen?
3. Was ist von den Aussichten auf eine Erschließung des Meeres als Nahrungsmittellieferant für die immer weiter wachsende Erdbevölkerung zu halten, wenn die ständige Verschmutzung und Verpestung des Meerwassers durch Öl weiter anhält? Geben Sie Ihre Stellungnahme ab, und schlagen Sie Lösungen vor!

B *Drücken Sie den Inhalt folgender Sätze mit Worten aus dem Text aus!*

1. Wie ist die Situation für die Gewinnung von Nahrung aus dem Meer? (1)
2. Die Menschheit hat einen jährlichen Bedarf an Eiweiß von über 24 000 000 t. (6)
3. 40 Millionen Tonnen Fisch enthalten 8 Millionen Tonnen Eiweiß. (7)
4. Diese Menge Eiweiß vermindert sich durch Abfall und durch die Fischmehlproduktion auf zehn Prozent des Eiweißbedarfs. (10)
5. Fische setzen ihren Laich auf dem Meeresgrund ab. (27)
6. Die Hummerfischer klagen über den Rückgang der Hummer. (35)
7. Die Kosten für den Bau der Unterwasserstation haben sich schnell amortisiert. (64)

C *Aufgaben zur Erweiterung des Wortschatzes und des Ausdrucks.*

1. Welches sind die Grundnahrungsstoffe in der menschlichen Ernährung?
2. Nennen Sie die bekanntesten Lebewesen im Meer! Beschreiben Sie ihre Lebensweise!
3. Welche Produkte werden aus dem Meer gewonnen, und wozu werden sie verwendet?

D *Ergänzen Sie die fehlenden Wörter und Endungen!*

1. Wie steht . . . . . . d– Nahrungsreserven der Meere?
2. Der Ertrag an Eiweiß schrumpft . . . zehn Prozent zusammen.
3. Wir müßten . . . d– Produktion von Fischmehl verzichten.

4. Man braucht Fischmehl . . . Aufzucht von Geflügel.
5. Ein– Tag– wird es . . . kommen, daß . . . die Menschen vorwiegend von Produkten ernähren müssen, die . . . das Meer bietet.
6. Der Wissenschaftler berichtete . . . interessanten Beobachtungen.
7. Haben Sie schon etwas . . . diesen Beobachtungen gewußt?
8. Seit Jahre– beklagen . . . die Fischer . . . den Rückgang des Fischbestandes.
9. Die Fische gewöhnen . . . rasch . . . die Planktonnahrung.
10. Die Japaner gewinn– schon lang– eßbare– Algen auf künstlich– Felsen vor ihr– Küsten.

E
Mit den Nahrungsreserven steht es gut.
Was wäre, wenn es mit den Nahrungsreserven nicht gut stünde?

1. Wir können unsere Ernährungsgewohnheiten ändern.
Was wäre, wenn . . .?
2. Wir müssen auf die Produktion von Fischmehl verzichten.
Was wäre, wenn . . .?
3. Es ist gelungen, Algen in größeren Mengen anzubauen.
Was wäre, wenn . . .?
4. Die Fischer haben sich über den Rückgang des Fischbestandes beklagt.
Was wäre, wenn . . .?
5. Die Hummer mußten aus Kanada eingeführt werden.
Was wäre, wenn . . .?

Der Fischertrag kann entscheidend gesteigert werden.
Der Fischertrag läßt sich entscheidend steigern.

6. Die Fischmehlproduktion kann erheblich reduziert werden.
. . .
7. Fische können durch starke Lichtquellen angelockt werden.
. . .
8. Das japanische System des Fischfangs kann überall nachgeahmt werden.
. . .
9. Fischeier können auf künstlichem Wege erbrütet werden.
. . .
10. Die Unterwasserforschung kann weiter ausgebaut werden.
. . .

Die Zukunft des Menschen

Zahlreiche große Krankheiten – insbesondere infektiösen Ursprungs – sind bereits nahezu ausgerottet. Bei andern wird das gelingen, sobald die nötigen Mittel zu ihrer Bekämpfung aufgebracht werden können. Die ungeheuren Fortschritte der Medizin, der Chemie, der Biologie und der Molekularphysik scheinen uns dem Tage näher zu bringen, an dem der letzte Schleier gelüftet und das Geheimnis des Lebens ergründet werden kann.

In den Laboratorien macht man sich schon heute ein gewisses Bild von den nächsten Etappen des Fortschritts ... Die ungeheure Erweiterung der wissenschaftlichen Forschungsmöglichkeiten läßt heute diese Ziele, die gestern noch unvorstellbar waren, zumindest theoretisch als erreichbar erscheinen.

Schon in recht naher Zukunft werden wir wahrscheinlich – dank tieferen Einblicken in das Leben der Zelle und in die Mechanismen der genetischen wie der somatischen Mutation – über neue, wertvolle Waffen gegen chronische Leiden, Herz- und Gefäßkrankheiten, gewisse Geistesstörungen und Krebs verfügen. Auf dem Gebiet der Krebsbekämpfung bietet die Immunologie vielversprechende Aussichten. Geht man nämlich davon aus, daß die Krebszelle eine den normalen Geweben des Organismus fremde Substanz enthält, so wäre es die Aufgabe des immunologischen Systems, der Invasion entgegenzutreten. Bei einem Versuchstier, das zuvor mit einem Extrakt aus Krebsgewebe „geimpft" wurde, griff ein transplantierter Tumor nicht um sich. Beim Menschen sind die Ergebnisse entsprechender Versuche zumindest ermutigend. Es ist durchaus möglich, daß im menschlichen Körper tagtäglich Tausende von Krebszellen entstehen, aber durch Antikörper bekämpft und neutralisiert werden. Nach dieser Theorie, die insbesondere von dem australischen Nobelpreisträger Sir Macfarlane Burnet vertreten wird, könnte sich ein Tumor nur dann entwickeln, wenn die Antikörperbildung – zum Beispiel in einem alten oder geschwächten Organismus – nicht ausreicht. So könnte sich die Tatsache erklären, daß Krebs bei älteren Leuten häufiger auftritt und unter den Todesursachen – nach Herz- und Gefäßkrankheiten – an zweiter Stelle steht. Jeder wesentliche Erfolg in dieser Richtung würde also eine weitere

Erhöhung der mittleren Lebenserwartung mit sich bringen. Die Wahrscheinlichkeit eines solchen Erfolges wurde von den UNO-Statistikern bei der Vorausberechnung der demographischen Entwicklung während der nächsten dreißig Jahre berücksichtigt. In einem sehr armen Entwicklungsland, in dem die mittlere Lebenserwartung des Neugeborenen im Jahre 1960 nicht über 40 Jahre hinausging, ist bis 1980 eine Verlängerung auf 50 und bis 2000 auf 60 Jahre zu erwarten. In den hochzivilisierten Gebieten der Welt, in denen die Lebenserwartung 1960 bereits 70 Jahre erreichte, dürfte sie sich dank den Fortschritten der Medizin bis 1980 noch um weitere vier oder fünf Jahre erhöhen. Wesentlich weiter geht eine Gruppe von amerikanischen Sachverständigen, die es für möglich halten, durch chemische Kontrolle der Alternsprozesse das Leben vieler Individuen noch vor der Jahrtausendwende um 50 Jahre zu verlängern.

Das ist nur eine von zahlreichen Prophezeiungen, denen man kaum Beachtung schenken könnte, wenn sie nicht von einem Gelehrtenteam der Rand Corporation in Pasadena stammen würde, das unablässig am Werke ist, um die Geheimnisse der Zukunft mit Hilfe von Computern zu ergründen. Sollen wir diesen Propheten der Wissenschaft wirklich glauben, daß es noch vor 1980 zur medizinischen Routine gehören wird, innere Organe durch elektronisch gesteuerte Kunststoffprothesen zu ersetzen? Daß die Chirurgen zwischen 1980 und 1990 mit Röntgen- und Gammastrahlen arbeiten werden? Daß es gelingen wird, primitive Formen des Lebens künstlich zu schaffen, zumindest durch Selbstvermehrung der Moleküle? Daß man im letzten Jahrzehnt unseres Jahrtausends in der Lage sein wird, zehnmal soviel Psychosen wie heute zu heilen und den Menschen mit einer einzigen Impfspritze gegen alle Bakterien- und Viruskrankheiten zu immunisieren? Daß es durch genetische „Manipulationen" möglich sein wird, gewissen Erbkrankheiten vorzubeugen? Diese Zukunftsmusik vermittelt uns einen Begriff von dem entscheidenden Stadium des Fortschritts, in dem sich die Medizin und Biologie heute befindet. Sie setzt Voraussetzungen, die bisher unerschütterlich erschienen, außer Kraft; die Auswirkungen, die diese Entwicklung für das Dasein aller Menschen mit sich bringen wird, sind naturgemäß unberechenbar.

Eric Weiser

A *Fragen zum Textinhalt:*

1. Welche Fortschritte hat die medizinische Wissenschaft in den letzten Jahren zu verzeichnen?
2. Welche Theorie hat man über die Entstehung von Krebs aufgestellt?
3. Welche Aussichten bestehen, die Lebenserwartungen des Menschen in Zukunft zu verlängern?
4. Welche sozialpolitischen Aufgaben sind zu lösen, wenn die Lebenserwartung der Menschen in nächster Zukunft erheblich verlängert wird?

B *Drücken Sie den Inhalt folgender Sätze mit Worten aus dem Text aus!*

1. Eines Tages wird man hinter die Geheimnisse des Lebens kommen. (6)
2. Schon heute lassen sich die nächsten Etappen des Fortschritts erkennen. (8)
3. Es wird nicht mehr lange dauern, bis man den Krebs wirksam bekämpfen kann. (15)
4. Jeder medizinische Erfolg geht mit der Erhöhung der Lebenserwartung beim Menschen einher. (34)
5. Im Jahre 1960 betrug die mittlere Lebenserwartung von Neugeborenen nicht mehr als 40 Jahre. (39)
6. Man beachtete die zahlreichen Prophezeiungen kaum. (48)
7. Das Team arbeitet ununterbrochen, um hinter die Geheimnisse der gefährlichen Krankheit zu kommen. (49)

C *Aufgaben zur Erweiterung des Wortschatzes und des Ausdrucks.*

1. Welche Begriffe aus dem Bereich der Medizin werden im Text erwähnt? Ordnen Sie sie nach sachlichen Gesichtspunkten, und ergänzen Sie sie!
2. Welche Begriffe aus dem Bereich der Statistik werden im Text genannt? Geben Sie für diese Begriffe Beispiele, die die Begriffe erläutern!

D *Ergänzen Sie die fehlenden Wörter und Endungen!*

1. Die Wissenschaft ist nahe daran, den Schleier des Geheimnisses, ... d– Entstehung des Lebens umgibt, zu ...
2. Die Medizin verfügt ... viele wirksame Mittel ... Herz- und Gefäßkrankheiten.

3. Neue Erkenntnisse in der Immunologie ... vielversprechende Aussichten ... d– Gebiet der Krebsbekämpfung.
4. Die Epidemie hat weiter um sich ...
5. Krebs tritt ... älteren Menschen häufiger auf.
6. Herz- und Gefäßkrankheiten ... ... d– Todesursachen an erster Stelle.
7. Jeder medizinische Erfolg bringt eine Erhöhung der Lebenserwartung ... ...
8. Im Jahre 1960 erreichte die mittlere Lebenserwartung bereits 70 Jahre, zur Zeit geht sie schon ... 70 Jahre hinaus. Sie wird sich bis 1980 ... weitere fünf Jahre erhöhen.
9. Die Wissenschaft ist unablässig ... Werke, ... die Geheimnisse der Zukunft zu ergründen.
10. Die Transplantation von Organen wird ... kurze– Zeit ... medizinischen Routine gehören.

E
In naher Zukunft stehen uns wirksame Mittel gegen Krebs zur Verfügung.
Man rechnet damit, daß uns in naher Zukunft wirksame Mittel gegen Krebs zur Verfügung stehen werden.

1. Die Organverpflanzung gehört bald zur medizinischen Routine.
   Es ist zu erwarten, daß ...
2. Nach 1980 arbeiten die Chirurgen mit Röntgen- und Gammastrahlen.
   Es läßt sich schon jetzt voraussagen, daß ...
3. Bald gelingt es der Wissenschaft, primitive Formen des Lebens künstlich zu schaffen.
   Es ist abzusehen, daß ...
4. Gegen Ende unseres Jahrtausends ist man in der Lage, alle Bakterien- und Viruskrankheiten mit einer Serumkombination zu bekämpfen.
   Man hofft, daß ...

Es scheint, daß sich die Lebenserwartung noch weiter erhöht.
Die Lebenserwartung scheint sich noch weiter zu erhöhen.

5. Es scheint, daß man der medizinischen Entwicklung keine Beachtung schenkt.
   Man ...
6. Es scheint, daß zahlreiche Krankheiten nahezu ausgerottet sind.
   Zahlreiche Krankheiten ...
7. Es scheint, daß die Laborversuche erfolgreich verlaufen sind.
   Die Laborversuche ...

Tiefseebergbau – futurologisch

Kommerzielle Gewinnung von Metallen 1000 Meter unter dem Meeresspiegel

Die kommerzielle Gewinnung von Metallen aus der Tiefsee ist – trotz ihres futurologischen Charakters – schon abzusehen. Nach den Vorarbeiten einer US-Firma kann der Versuchsabbau einer Lagerstätte – allerdings in „nur" 1000 Meter Wassertiefe – in diesem Sommer in Angriff genommen werden. Ein Frachter wird bereits auf einer Werft in Newport News in Virginia zum Versuchsschiff umgebaut. Die Deepsea Ventures, Inc., die diese Entwicklungsarbeiten durchführt, will den Tiefseebergbau auf Manganknollen allerdings nur bis zur Praxisreife vorantreiben. Sie wird dann 40 bis 50 Millionen Dollar investiert haben. Ihr Know-how und die Resultate einer achtjährigen Prospektion mit einem eigenen Forschungsfahrzeug, dem R. V. Prospector, mit einer Unterwasserfernsehkamera für Tiefen bis zu 5000 Meter ausgerüstet, will sie einem Konsortium verkaufen, das bis etwa 1975 mit der kommerziellen Gewinnung in großem Maßstab beginnen könnte. Gespräche für die Begründung dieses Konsortiums laufen bereits; auch deutsche Firmen sind an ihnen beteiligt. Die neuen Maßnahmen des Bundeswirtschaftsministeriums zur Sicherung der Rohstoffversorgung der westdeutschen Wirtschaft, die vor der Tür stehen, scheinen für ein derartiges, immerhin mit erheblichem Kapitalaufwand und vermutlich auch Risiken belastetes Pinonierunternehmen modernster Technologie geradezu ideal.

Wenn dieses Unternehmen auch abenteuerlich erscheint – geplant ist immerhin eine Erzgewinnung vom Tiefseeboden in 4000 bis 6000 Meter Tiefe –, so sind die technischen Entwicklungen der Firma doch robust, praxisnah und unkompliziert: Eine Dredge, die wie ein Rechen über den Tiefseeboden geschleppt wird und die Erzknollen passender Größe aufharkt, ein Schlauch, mit dem die Erzknollen in einem Wasserstrom an die Oberfläche in den Bauch des Schiffes gepumpt werden, ein zweites Schiff, das die Erzknollenladung von dem Förderschiff übernimmt: das ist alles. Keine große Automatik und Elektronik, die unter dem Wasserdruck der Tiefsee oder durch Korrosion leiden könnte, und alles auf einen Dauerbetrieb abgestellt: Nach den Wirtschaftlichkeitsberechnungen des Systems soll das Förderschiff 300 Tage im Jahr im Einsatz sein und mit zwei Knoten Stundengeschwindigkeit den Tiefseeboden abharken.

In über 150 Einzeltests wurden die Bauteile des Systems, in Laboratoriums-Tankversuchen wurde der Rechen der Dredge auf seine Sortierleistung geprüft. Rund 40 Tonnen Tiefsee-Erz wurden mit primitiven Mitteln durch die Prospector gefischt, mit denen die Dredgen- und anschließend Aufbereitungsversuche gemacht wurden. Auch für die möglichst vollständige Extraktion dieses komplexen Erzes wurde schon ein Gerät entwickelt.

Die Unterlagen lassen erkennen, daß hier nicht mit Utopien gespielt wird. So ist abzusehen, daß in wenigen Jahren die erste schwimmende Tiefsee-Bergbauanlage in Betrieb kommt. Sie kann etwa ein bis zwei Millionen Tonnen Roherz pro Jahr fördern. Das entspricht einem Metallgehalt von einigen Hunderttausenden Tonnen, bis über eine halbe Million Tonnen Mangan und einigen Zehntausenden Tonnen Nickel, Kupfer und Kobalt. Solche Mengen können auf den Welt-Metallmärkten für Kupfer und Nickel kaum Störungen verursachen. Anders das Mangan, für das eine einzige Tiefsee-Anlage mehrere Prozent einer zusätzlichen Förderung auf einem ohnehin unter Überangebot leidenden Markt bedeuten würde – noch gravierender bei Kobalt, dessen Welt-Produktion heute bei vielleicht 20 000 Tonnen pro Jahr liegt und bei dem eine Mehrförderung (die zwangsläufig als Nebenprodukt anderer Metalle auf den Markt kommt) von ähnlicher Größenordnung den ganzen Markt revolutionieren würde.

Die Vorräte, aus denen der künftige Tiefseebergbau schöpft, sind unglaublich groß, obwohl noch längst nicht ausreichend prospektiert. Doch muß man mit 100 Millionen Tonnen Mangan und zehn Millionen Tonnen Kupfer sowie anderen Stahlveredlern rechnen, die aus der Tiefsee gewinnbar sind. Damit zeichnet sich eine Entwicklung ab, die heute noch sensationell erscheint, in ein paar Jahren bereits kommerziell sein wird und die für die Welt-Metallversorgung teilweise völlig neue Wege weisen kann – vor allem für Länder ohne eigene Bergbaugrundlage, zu denen an erster Stelle Westdeutschland gehört. Falls nicht Manipulationen mit dem internationalen Recht die Nationalisierung auch des Bodens der offenen Ozeane bringen, könnte dieser zum hochwichtigen Bergbaugebiet für Westdeutschland werden.

Harald Steinert

A *Fragen zum Textinhalt:*

1. Wie weit sind die Vorarbeiten zur Gewinnung von Metallen aus dem Meer vorangeschritten?
2. Welche Unternehmungen sind für die nächste Zukunft vorgesehen?
3. Mit welchen Resultaten rechnet man, wenn alle Vorbereitungen abgeschlossen sind und der Abbau angelaufen ist?

B *Drücken Sie den Inhalt folgender Sätze mit Worten aus dem Text aus!*

1. Mit dem Versuchsabbau von Erzen aus der Tiefsee kann in Kürze begonnen werden. (4)
2. Verhandlungen über diese Projekte sind bereits im Gange. (17)
3. Maßnahmen zur Sicherung der Rohstoffversorgung stehen kurz bevor. (19)
4. Alle verwendeten Geräte sind für den Dauerbetrieb eingerichtet. (33)
5. Das Förderschiff soll im Jahr 300 Tage eingesetzt werden. (34)
6. Es ist eine sensationelle Entwicklung im Bergbau zu erkennen. (44)

C *Aufgaben zur Erweiterung des Wortschatzes und des Ausdrucks.*

1. Welche bergbautechnischen Ausdrücke enthält der Text? Nennen Sie weitere Begriffe aus dem Bergbau!
2. Welche Bodenvorkommen werden genannt, und welche kennen Sie noch?
3. Was verstehen Sie unter Gewinnung von Metallen? – ...
   unter Entwicklungsarbeiten? – ...
   unter Versuchsabbau einer Erzlagerstätte? – ...
   unter Sicherung der Rohstoffversorgung? – ...
   unter Kapitalaufwand für ein Unternehmen? – ...

D *Ergänzen Sie die fehlenden Wörter und Endungen!*

1. Der Abbau der Erzlagerstätte wird im kommenden Sommer in Angriff ...
2. Der Frachter wird ... Versuchsschiff umgebaut.
3. Das Schiff wird ... eine– Unterwasserfernsehkamera ausgerüstet.
4. Die Erzgewinnung kann 1975 in groß– Maßstab begonnen ...

5. Empfindliche Geräte können ... d– Wasserdruck oder ... Korrosion leiden.
6. Alles ist ... Dauerbetrieb abgestellt.
7. Das erste Förderschiff ist bereits ... Einsatz.
8. Die Geräte sollen ... ihre Leistung geprüft werden.
9. Die neue Bergbauanlage ist letzt– Jahr ... Betrieb genommen worden.
10. Ein bis zwei Millionen Tonnen Roherz entsprechen ein– Jahresförderung.
11. Der Markt leidet ... ein– Überangebot ... Mangan.

E
Aus der Tiefsee sollen Metalle gewonnen werden.
Worüber wurde gesprochen? – Über die Gewinnung von Metallen aus der Tiefsee.

1. Auch deutsche Firmen wollen sich an dem Abbau von Metallen beteiligen.
   Worüber wurde gesprochen? – Über ...
2. Das Ministerium will die Rohstoffversorgung für die westdeutsche Wirtschaft sichern.
   Worüber wurde gesprochen? – Über ...
3. Es sollen aus der Tiefsee jährlich ein bis zwei Millionen Tonnen Roherz gefördert werden.
   Worüber wurde gesprochen? – Über ...

Man will eine Erzlagerstätte versuchsweise abbauen.
Worüber wurde gesprochen? – Über den versuchsweisen Abbau einer Erzlagerstätte.

4. Auf einer Werft in Newport wird ein Frachter zum Versuchsschiff umgebaut.
   Worüber wurde gesprochen? – Über ...
5. Die Firma will das Versuchsschiff an ein Bergbaukonsortium verkaufen.
   Worüber wurde gesprochen? – Über ...
6. Der Abbau von Metall in der Tiefsee wurde bereits einmal versucht.
   Worüber wurde gesprochen? – Über ...
7. Auf dem Weltmarkt wird Mangan im reichlichen Maße angeboten.
   Worüber wurde gesprochen? – Über ...

Es ist zu erwarten, daß in wenigen Jahren der Abbau von Metall in der Tiefsee in großem Maßstab beginnt.
In wenigen Jahren wird mit dem Abbau von Metall in der Tiefsee in großem Maßstab begonnen.

8. Es ist zu erwarten, daß man dabei bis auf eine Tiefe von 6000 Metern vorstößt.
...
9. Es ist zu erwarten, daß man bis zum Beginn eines rationellen Abbaus ca. 50 Millionen Dollar für Versuche investieren muß.
...
10. Es ist zu erwarten, daß in wenigen Jahren die erste schwimmende Tiefsee-Bergbauanlage in Betrieb kommt.
...
11. Es ist zu erwarten, daß sie etwa zwei Millionen Tonnen Roherz pro Jahr fördern kann.
...

Elektronik in der Expansion

Die elektronische Datenverarbeitung ist heute nicht mehr das Privileg der Großunternehmen. Das hängt in erster Linie mit den sinkenden Preisen beim Kauf oder der Miete von Computern und dem Trend zu kleineren Einheiten zusammen. Die Preise beginnen etwa bei einer Monatsmiete von 6000 bis 7000 DM und reichen bis 15000 DM. In neu errichteten Rechenzentren stehen die Anlagen zur Eigennutzung oder in Lohnaufträgen auch kleinen Unternehmungen zur Verfügung, für die eine eigene Anlage finanziell nicht tragbar und wirtschaftlich unvertretbar ist. Durch Einsatz der Elektronik soll in jedem einzelnen Wirtschaftsvorgang das Optimum verwirklicht werden. Fachleute sind der Ansicht, daß die Zeit der konventionellen Rationalisierung ihrem Ende zugeht. Für die Optimierung bieten sich viele betriebliche Bereiche an, wie Forschung, Entwicklung, Konstruktion, Prozeßsteuerung, Kapazitätsauslastung, Vertrieb und Erfolgsüberwachung. Zum Hauptaufgabengebiet der elektronischen Datenverarbeitungsanlage gehört gegenwärtig die Verwendung als Prozeßrechner. Mit seiner Hilfe können kontinuierliche Prozesse gesteuert und ganze Fertigungsabläufe überwacht werden.

Nicht nur in der Raumfahrt, auch bei der Industrie-Elektronik ist der Hang zur Miniaturisierung oder gar Mikro-Miniaturisierung unverkennbar bei gleichzeitig steigenden Ansprüchen an die Funktions- und Leistungsfähigkeit der Bauelemente. Dieser Trend zur Miniaturisierung oder zum „Taschenformat" resultiert aus den Erfordernissen der Raumfahrttechnik, die Ausrüstungen benötigt, die gewicht- und raumsparend sein müssen. Diese Forderungen leuchten durchaus ein, wenn man bedenkt, daß es rund eine viertel Million DM kostet, ein Kilogramm Nutzlast in die Satelliten-Umlaufbahn zu schießen. Ihre Hauptanwendung findet die Miniaturisierung in der „Mikro-Elektronik" oder der „Halbleiter-Technik", mit deren Hilfe mikroskopisch kleine Bauelemente hergestellt werden können, von denen bis zu 200 Stück in einem Kubikzentimeter Platz haben. Eine höhere Arbeitsgeschwindigkeit und ein größerer Zuverlässigkeitsgrad kennzeichnen die Baugruppen, die bei der modernen Nachrichtentechnik und der elektronischen Datenverarbeitung angewendet werden. Sie ermöglichen dadurch bisher ungeahnte Leistungen. Die An-

wendungsbereiche von Laser und Maser, beides neuentwickelte Tech-
35 niken, lassen sich bis heute noch nicht übersehen. – Zur Elektronik zählt
man auch die Rundfunk-, Fernseh- und Phonoindustrie, die man unter
dem Begriff „Unterhaltungs-Elektronik" zusammenfaßt.
Wer hätte schon gedacht, daß wir alle heute aus der Elektronik Nutzen
ziehen. Übermittlungsstationen ermöglichen uns den Empfang von Fern-
40 sehsendungen aus anderen Kontinenten, Fernmelde-Satelliten vermitteln
Gespräche, elektronische Augen überwachen unsere Gesundheit und helfen
uns bei der Wetter-Prognose.
Siegfried Bergmann

A *Fragen zum Textinhalt:*

1. Welche Möglichkeiten bestehen für einen kleineren Betrieb, die elektronische Datenverarbeitung auszunutzen?
2. Wobei werden zur Zeit elektronische Datenverarbeitungsanlagen hauptsächlich eingesetzt? Was für Arbeitskräfte werden dabei in einem Betrieb Ihrer Meinung nach eingespart?
3. Welche Vorteile bringt die elektronische Datenverarbeitung für die Wirtschaft und für die Wissenschaft?
4. Welche technische Entwicklung ist bei der Konstruktion neuer Datenverarbeitungsanlagen im Gange?

B *Drücken Sie den Inhalt folgender Sätze mit Worten aus dem Text aus!*

1. Die Ausnutzung der elektronischen Datenverarbeitung ist nicht nur den Großunternehmen vorbehalten. (1)
2. Für kleinere Unternehmen ist eine eigene Anlage nicht rentabel. (8)
3. Mit der Verwendung von Datenverarbeitungsanlagen wird ein Höchstmaß an Wirtschaftlichkeit erreicht. (10)
4. Jedermann hat den Nutzen derartiger Anlagen erkannt. (24)
5. Die Miniaturisierung der Datenverarbeitungsanlagen wird hauptsächlich in der Mikro-Elektronik angewendet. (26)
6. Das Ausmaß der weiteren Entwicklung auf dem Gebiet der Elektronik ist bis heute noch nicht überschaubar. (35)
7. Wir alle profitieren von dieser Entwicklung. (38)

C *Aufgaben zur Erweiterung des Wortschatzes und des Ausdrucks.*
1. Welche Begriffe aus der Wirtschaft werden im Text verwendet? Was verstehen Sie unter den genannten Begriffen?
2. Welche Begriffe aus der Arbeitstechnik finden Sie im Text? Versuchen Sie diese Begriffe zu erklären!
3. Vervollständigen Sie folgende Sätze:

   Den Großbetrieben ... Datenverarbeitungsanlagen zur Verfügung.
   Die Wirtschaft ... aus der Elektronik Nutzen.
   Diese elektronische Anlage ... Daten.
   Heutzutage werden Datenverarbeitungsanlagen hauptsächlich als Prozeßrechner ...

D *Ergänzen Sie die fehlenden Wörter und Endungen!*
1. Elektronische Rechenanlagen stehen jetzt auch kleineren Unternehmen ... Verfügung.
2. In der Elektronik ist der Hang ... Miniaturisierung unverkennbar.
3. In der Wirtschaft soll ... Einsatz der Elektronik das Optimum erreicht werden.
4. Wir alle ... aus d– Elektronik Nutzen.
5. Man zählt auch die Rundfunk-, Fernseh- und Phonoindustrie ... Elektronik.
6. Die Entwicklung der Elektronik zur Miniaturisierung resultiert ... d– Erfordernissen der Raumfahrt.

E
Die Preise sinken.
Wovon wurde gesprochen? – ... von sinkenden Preisen.

1. Es sind Rechenzentren neu errichtet worden.
   Wovon wurde gesprochen? – ...
2. Die Ansprüche steigen gleichzeitig.
   Wovon wurde gesprochen? – ...
3. Die Ausrüstungen sind gewicht- und raumsparend.
   Wovon wurde gesprochen? – ...
4. Die Bauelemente sind mikroskopisch klein.
   Wovon wurde gesprochen? – ...
5. Die Techniken sind im letzten Jahr neu entwickelt worden.
   Wovon wurde gesprochen? – ...

Die elektronische Datenverarbeitung ist nicht mehr das Privileg der Großunternehmen.
Was haben Sie erfahren? – Ich habe erfahren, daß die elektronische Datenverarbeitung nicht mehr das Privileg der Großunternehmen ist.

6. Die Monatsmiete eines Computers beträgt etwa 6 bis 15 000 DM.
   Was haben Sie erfahren? – ...
7. Elektronische Datenverarbeitungsanlagen finden hauptsächlich als Prozeßrechner Verwendung.
   Was haben Sie erfahren? – ...
8. Auf Grund der Erfordernisse der Raumfahrttechnik werden immer kleinere, das heißt gewicht- und raumsparende Rechenanlagen entwickelt.
   Was haben Sie erfahren? – ...
9. Ein Kilogramm Nutzlast in den Weltraum zu schießen, kostet rund eine Viertel Million DM.
   Was haben Sie erfahren? – ...
10. Halbleiter sind chemische Elemente und Verbindungen, die im Gegensatz zu den Metallen hohe spezifische elektrische Widerstände besitzen.
    Was haben Sie erfahren? – ...

Satellitenfotos für neue Erdkarten

Den Meteorologen ist es dank dieser ständigen Bildüberwachung der Erde u. a. bereits gelungen, Wirbelstürme, die sich über den Weiten der Ozeane bildeten, bis zu vier Tage früher zu erkennen, als dies mit konventionellen Verfahren möglich war. Durch eine ständige Beobachtung konnten die Zugwege dieser Tornados ermittelt, die Bevölkerung in den Einzugsgebieten der Stürme frühzeitig gewarnt und bedeutende Sachwerte vor der Vernichtung bewahrt werden. Die Ersparnisse, die sich durch eine Verbesserung – also eine höhere Treffsicherheit – der Wetterprognosen auf Grund derartiger Aufnahmen in manchen Gebieten der Erde erzielen lassen, sind kaum abzuschätzen; sie dürften in der Größenordnung mehrerer hundert Millionen Dollar pro Jahr liegen. Bereits seit dem Jahre 1964 gibt es in Washington und Moskau je ein Meteorologisches Weltdatenzentrum, deren Hauptaufgabe darin besteht, die mit Wettersatelliten gewonnenen Daten gegenseitig auszutauschen.

Das elektronische Übertragungsverfahren von Bildern, das bei den meteorologischen Satelliten verwendet wird, stellt nur eine Möglichkeit unter mehreren dar, wie auch die Wetterkunde nur ein Bereich unter vielen ist, die von Erdaufnahmen aus dem Weltall profitieren können. Das wurde sehr deutlich, als zum erstenmal Astronauten in Erdumlaufbahnen gelangten und nun – zunächst aus Höhen von 160 bis 200 Kilometern, danach bis aus 1370 Kilometern Höhe – Farbaufnahmen der Erde machten, deren Qualität nicht durch die notwendige Punktrasterung der elektronischen Bildübertragung und durch die unvermeidlichen Übertragungsstörungen beeinträchtigt wurden. Schon die Aufnahmen aus dem Merkur-Programm der Jahre 1961 bis 1963 zeigten, daß es möglich ist, durch solche Bilder neuartige geographische und ozeanographische Erkenntnisse zu gewinnen: zahlreiche Gebiete der Erde sind kartographisch bisher nicht ausreichend erfaßt, die Lage markanter Objekte relativ zueinander ist nur mit ungenügender Genauigkeit bekannt, der Küstenverlauf vieler Länder roh aufgezeichnet, Struktur und Beschaffenheit so mancher Gebirge noch ein Geheimnis. Vom Gesichtspunkt der angewandten Geographie her beispielsweise müssen 70 Prozent aller Detailkarten der Erdoberfläche als unzureichend bezeichnet werden, 30 Prozent der Karten sind außerdem überholt. Selbst in den Vereinigten Staaten sind die modernsten Erdkarten zehn, in manchen Fällen sogar zwanzig Jahre alt! Eine Gesamt-Kartographierung der westlichen Erdhalbkugel mit unbemannten oder bemannten Satelliten würde nur halb soviel bis ein Sechstel soviel kosten wie die Gewinnung der entsprechenden Luftaufnahmen vom Flugzeug aus, vom Zeitfaktor gar nicht zu reden.

A *Fragen zum Textinhalt:*

1. Welche Vorteile bietet die Bildüberwachung der Erde für die Meteorologie gegenüber den konventionellen Verfahren?
2. Wie erfolgt die internationale Zusammenarbeit auf dem Gebiet der Meteorologie?
3. Welche Aufgaben werden durch Erdaufnahmen gelöst?

B *Drücken Sie den Inhalt folgender Sätze mit Worten aus dem Text aus!*

1. Die Zugwege der Tornados werden durch Beobachtungen festgestellt. (5)
2. Die Ersparnisse durch die Verbesserung der Wettervoraussagen betragen mehrere hundert Millionen Dollar im Jahr. (10)
3. Von zahlreichen Gebieten der Erde sind nur unzureichende kartographische Aufnahmen gemacht worden. (33)
4. Ein großer Teil der vorhandenen Karten stimmt nicht mehr. (34)

C *Aufgaben zur Erweiterung des Wortschatzes und des Ausdrucks.*

1. Welche Arten von Kartenwerken, die die Oberfläche der Erde beschreiben, kennen Sie?
2. Nennen Sie Naturereignisse, die den Menschen Schaden verursachen können!
3. Welchen Zwecken können kartographische Werke dienen, die die Oberflächenbeschaffenheit der Erde beschreiben?
4. Welche geographischen Begriffe kennen Sie?

D *Ergänzen Sie die fehlenden Wörter und Endungen!*

1. Dank ständig– Bildüberwachung sind Wirbelstürme frühzeitig ... erkennen.
2. Die Zugwege der Tornados werden ... ständig– Überwachung ermittelt.
3. Auf dies– Weise können bedeutende Sachwerte ... d– Vernichtung bewahrt werden.
4. Die meteorolgischen Datenzentren in Washington und Moskau tauschen die ... Wettersatelliten gewonnenen Daten ... aus.
5. Wann ist ... erstenmal ein Astronaut ... d– Erdumlaufbahn gelangt?
6. Die elektronische Übertragung von Bildern ... nur eine Möglichkeit ... vielen dar.
7. Die Qualität der Bilder wird ... die notwendige Punktrasterung der elektronischen Bildübertragung beeinträchtigt.
8. Die Lage markanter Objekte ist nur ... ungenügender Genauigkeit bekannt.

E
Die Ersparnisse betragen schätzungsweise mehrere Millionen Dollar pro Jahr.
Die Ersparnisse dürften mehrere Millionen Dollar pro Jahr betragen.

1. Die Aufnahmen sind schätzungsweise aus einer Höhe von 200 Kilometern gemacht worden.
...
2. Das Merkur-Programm ist schätzungsweise um das Jahr 1962 durchgeführt worden.
...
3. Schätzungsweise 70 Prozent aller Detailkarten der Erdoberfläche sind als unzureichend zu bezeichnen.
...
4. Es sind schätzungsweise 30 Prozent aller vorhandenen Erdkarten bereits überholt.
...

Es ist möglich, Wirbelstürme bis zu vier Tage früher zu erkennen.
Wirbelstürme lassen sich bis zu vier Tage früher erkennen.

5. Es ist möglich, die Zugwege der Tornados durch Beobachtung zu ermitteln.
...

6. Es ist möglich, Bilder auf elektronischem Wege zu übertragen.
   . . .
7. Es ist möglich, durch Erdaufnahmen neuartige geographische Erkenntnisse zu gewinnen.
   . . .
8. Es ist möglich, mit Hilfe von Erdaufnahmen den Küstenverlauf der Kontinente genau aufzuzeichnen.
   . . .

Kulturtechnik Fotografie

Man braucht sich nur einmal im Gedankenexperiment vorzustellen, wie es heute ohne Fotografie aussähe: nicht nur, daß es weder Film noch Fernsehen gäbe, auch die Zeitungen und die Illustrierten könnten nur mit Holzschnitten oder Lithographien zeigen, wie es zum Beispiel in Mexiko aussieht oder in Vietnam (und all dies nicht mit der Detail-Objektivität des Fotos, sondern in der subjektiv gefärbten Vorstellung des Zeichners). Wir könnten die Welt nur kennen in jenem Bereich, den wir selbst bereist haben – ansonsten müßten wir uns aus dem gedruckten Wort ein Bild in unserer Phantasie machen.

Und wie unsere Vorstellungen vom Geschehen in der Welt unvergleichlich ungenauer wären, so könnten auch die Schul- und Lehrbücher ohne Fotos nur einen Bruchteil des heutigen Wissens vermitteln. Die Mediziner wären in vielen Fällen „blind": Sie könnten zum Beispiel nicht das Mageninnere oder gar das Innere unserer Adern fotografieren und die Fotos für Diagnose und Therapie auswerten. Schirmbild-Reihenuntersuchungen gäbe es ebensowenig wie Thermogramme, die mit Hilfe der Infrarot-Fotografie Frühdiagnosen gestatten. Der Zahnarzt würde – ohne Röntgenfotos – manchen Zahn ziehen, der noch erhalten werden könnte. Die Verbrecher allerdings hätten Vorteile. Gäbe es doch weder Fotos in der Verbrecherkartei noch Spurensicherung durch „normale" Fotos wie durch Ultraviolett- und Infrarot-Aufnahmen! Auch die Bilderfälscher hätten es leichter. Jeder andere aber würde nur Nachteile spüren. Denn unser Alltag ist durch Fotografie noch vielfältiger beeinflußt, als diese wenigen, willkürlich herausgegriffenen, aber naheliegenden Beispiele zeigen. Es gibt noch mehr: Autos und Flugzeuge, ja selbst Hochhausmodelle werden heute in Windkanälen untersucht; Fotos aber helfen, ihre Strömungseigenschaften zu analysieren und damit unsere Sicherheit zu steigern.

Der Funkenüberschlag an den Isolatoren von Hochspannungsleitungen wird, fotografisch festgehalten, menschlicher Kontrolle zugänglich. Ja, man wandelt Töne in optische Formen um, um auch sie meßbar zu machen. So unterstützt im Sprachunterricht zum Beispiel das Foto bei oszillographischen Schallaufzeichnungen die Kontrolle der Aussprache. Immer wieder ist das Foto als Helfer da, wenn der Mensch tiefer in die Geheimnisse der Materie eindringt: mit dem Elektronenmikroskop, dem Feld-Elektronenmikroskop und dem Feld-Ionenmikroskop. Mit ihnen sucht er Viren zu entdecken und zu studieren. Durch Fotos wird – bei bis zu fünfmillionenfacher Vergrößerung – der Aufbau der Atome sichtbar gemacht.

Fotos liefern Spurenbilder kosmischer Strahlung; durch sie wird aber auch unser „Weltbild" im engsten Sinne des Wortes ständig erweitert und verfeinert. Wer den Sinn solcher Forschung nicht einsieht und meint, wir Menschen sollten uns lieber um unsere gute alte Erde, um das Hier und Heute kümmern, der wird zumindest den Nutzen derjenigen Fotos anerkennen, die von Wettersatelliten heruntergefunkt werden, den Verlauf von Stürmen voraussagen und es dem einzelnen sogar erleichtern, seinen Winterurlaub zu planen.

Beispiele über den Nutzwert der Fotografie für jeden von uns ließen sich beliebig vermehren. Sie alle beweisen eines: Der Bereich der Amateurfotografie ist nicht nur zahlenmäßig, sondern auch nach seiner praktischen Bedeutung für unser Leben der kleinere Teil der Fotografie. Ihre wichtigste Aufgabe erfüllt sie dort, wo sie als Hilfsmittel der Wissenschaft, der Technik und der Information dient.

Sähen wir die Welt nur mit unseren nackten Augen, so käme das dem Blinzeln durch einen schmalen Spalt gleich. Der Mensch hat die Wahrnehmungskraft seiner Augen fast unvorstellbar vergrößert, seitdem er gelernt hat, mit Schall und Wärme, mit Magnetismus und Dichteunterschieden der Medien, mit Strahlen und mit elektromagnetischen Schwingungen aller Art zu „sehen".

Ist damit die „bildmäßige Fotografie" abgewertet? O nein! Denn sie hat – neben anderem – eine Aufgabe, die in der Geschichte der Menschheit seit der Erfindung des Buchdrucks allzusehr vernachlässigt wurde: *Jeden Menschen zum bildhaften Erlebnis zu erziehen.* Insbesondere die Amateurfotografie erhält damit einen Sinn, der sie gleichrangig neben jene Anwendungsgebiete der fotografischen Technik stellt, die wir in einigen wenigen Beispielen andeuten konnten. Einen Sinn, der auch im wissenschaftlichen Foto lebt: vom allerkleinsten bis zum größten, von der vergänglichen Geste bis zum Bild der Sterne die Gestalt der Wirklichkeit erkennen zu helfen.

Walter Boje

A *Fragen zum Textinhalt:*

1. Welche Rolle spielt die Fotografie in der Wissenschaft?
2. Geben Sie Beispiele für die Verwendung der Fotografie in der Wissenschaft, bei den Nachrichtenmedien, in der Kriminalistik und in der Kunst!
3. Welche Rolle spielt die Fotografie für die Politik?
4. Nennen Sie Beispiele, wie man durch Fotografie die Meinung der Öffentlichkeit beeinflussen kann!
5. Wann kann das fotografische Bild künstlerisch sein und wann nicht?
6. Was halten Sie von der Objektivität eines Fotos? Begründen Sie Ihre Ansicht!
7. Was verstehen Sie unter subjektiver Fotografie?
8. Was unterscheidet ein Amateurfoto von einem künstlerischen Foto?
9. Welchen Bildungswert hat die Amateurfotografie?

B *Drücken Sie den Inhalt folgender Sätze mit Worten aus dem Text aus!*

1. Der Forscher ist in der ganzen Welt umhergereist. (7)
2. Eine Fotografie kann Einfluß auf die öffentliche Meinungsbildung haben. (23)
3. Man fotografiert den Funkenüberschlag an den Isolatoren von Hochspannungsleitungen. (29)
4. Der Mensch erfährt durch die Fotografie immer mehr Geheimnisse der Materie. (34)
5. Die bildmäßige Fotografie hat nicht an Wert verloren. (59)

C *Aufgaben zur Erweiterung des Wortschatzes und des Ausdrucks.*

1. Nennen Sie die wichtigsten Teile eines Fotoapparates, und erklären Sie ihre Funktionen!
2. Was müssen Sie als Amateurfotograf alles tun, wenn Sie eine Aufnahme machen wollen? Worauf haben Sie zu achten?
3. Wie und mit welchen Hilfsmitteln macht man Kunstlichtaufnahmen?
4. Was geschieht mit einem belichteten Film? Beschreiben Sie, soweit Sie es wissen, den Herstellungsprozeß eines fotografischen Bildes!

D *Ergänzen Sie die fehlenden Wörter und Endungen!*

1. Wie sieht ... in Mexiko aus?
2. Im letzten Sommer haben wir d– Balkan bereist.

3. Die Lichtspieltheaterbesitzer haben ... wegen d– Fernsehens heutzutage schwer.
4. Durch die Fotografie sind viele Naturerscheinungen, ... Blitzschlag, Entstehung des Nordlichts und Entstehung von Orkanen, menschlich– Kontrolle zugänglich geworden.
5. ... Hilfe der Fotografie kann man Töne ... optische Formen umwandeln.
6. Der Mensch dringt immer tiefer ... d– Geheimnisse der Materie ein.
7. Viele meinen, die Menschen soll– sich mehr ... ihre eigenen Dinge kümmern, ... sich abzumühen, ... in den Weltraum vorzustoßen.
8. Die Fotografie erfüllt ihre wichtigste Aufgabe dort, ... sie als Hilfsmittel ... Wissenschaft dient.
9. Er blinzelt ... ein– schmalen Spalt.
10. Wir haben die Anwendungsgebiete der Fotografie ... einige– Beispielen angedeutet.

E
Es gibt jetzt Film und Fernsehen.
Was wäre, wenn es jetzt weder Film noch Fernsehen gäbe?

1. Mediziner und Physiker können sich bei ihrer Forschungsarbeit der Fotografie bedienen.
Was wäre, wenn ...
2. Die Polizei benutzt Fotoapparate zur Verkehrsüberwachung und zur Spurensicherung.
Was wäre, wenn ...
3. Autos und Flugzeuge werden in Windkanälen untersucht.
Was wäre, wenn ...
4. Heutzutage ist es möglich, Unwetter- und Hochwassergefahren vorauszusagen.
Was wäre, wenn ...

Fotos machen den Aufbau der Atome sichtbar.
Durch Fotos wird der Aufbau der Atome sichtbar gemacht.

5. Fotos liefern Spurenbilder kosmischer Strahlung.
Durch Fotos ...

6. Fotos erweitern und verfeinern ständig unser Weltbild.
   Durch Fotos...
7. Fotografische Bilder halten den Funkenschlag an den Isolatoren von Hochspannungsleitungen fest.
   Durch...
8. Die Fotografien in Zeitungen und in Illustrierten informieren die Leser.
   Durch...
9. Die Amateurfotografie erzieht jeden Menschen zum bildhaften Erlebnis.
   Durch...

Wählscheibe verbindet zwei Kontinente

Nachdem die Bundespost im letzten Jahr durch den Umbau der Gebühren- und Gesprächszähler die technischen Voraussetzungen für den Selbstwählferndienst in die USA schuf, können von heute an alle Fernsprechteilnehmer, deren Ortsnetzkennzahl mit 08 11, 08 10 und 08 18
beginnen, in die Vereinigten Staaten – ausgenommen Alaska und Hawaii – per Selbstwahl telefonieren. Wie von der Bundespost mitgeteilt wurde, erfordert der kurze Zeitabstand des Zähltaktes – 1,333 Sekunden – eine Umrüstung der vermittlungstechnischen Einrichtungen. Unter anderem mußten die bisher vierstelligen Gebührenzähler durch fünfstellige ersetzt werden. Außerdem konnten herkömmliche Zahleinrichtungen den außerordentlich schnellen Zähltakt nicht verarbeiten. Der Gesamtumbau im Münchener Bereich kostete 2,25 Millionen Mark.

Kurze Verzögerung auf dem Satellitenweg

Die Überseegespräche aus dem Bundesgebiet – neben München können jetzt auch Frankfurter und Bonner Fernsprechteilnehmer direkt in die Vereinigten Staaten durchwählen – werden sowohl über Kabel als auch über Satelliten vermittelt. Wie von der Post versichert wird, ist die Tonqualität von Überseegesprächen gleich gut wie bei Ortsgesprächen. Erwischt der Fernsprechteilnehmer allerdings eine Satellitenleitung, kommt das gesprochene Wort mit einer Verzögerung von zwei bis drei Zehntel Sekunden in den USA an. Pressereferent Maier von der Oberpostdirektion München: „Fragt man den Gesprächspartner etwas, so kommt die Antwort nie sofort. Der Eindruck, der andere sei ein wenig begriffsstutzig, ist natürlich falsch. Die Verzögerung wird durch die große Entfernung der Funkstrecken (80 000 Kilometer) verursacht."

Zur Zeit verfügt die Deutsche Bundespost über 53 Seekabel – und 35 Satellitenleitungen. Die Zuschaltung weiterer Leitungen ist vorgesehen. Nach Angaben der Post werden im Monatsmittel aus dem Bundesgebiet 55 000 Gespräche in die Vereinigten Staaten geführt. Davon kommen 5000 aus dem Bereich München. Da auf den zur Verfügung stehenden

Leitungen zumeist mehrere Gespräche geführt werden, können für den Überseetelefonverkehr nach Amerika bereits jetzt gleichzeitig 1000 Ferngespräche vermittelt werden.

New York: 00 12 12

Ruft man einen Fernsprechteilnehmer in den USA an, wählt man zuerst „00", dann die Landeszahl „1", die Bereichszahl (Area Code) und zuletzt die Teilnehmer-Rufnummer. Einen Teilnehmer in New York hätte man also mit folgender Rufnummer anzuwählen: 00 12 12 und die siebenstellige Teilnehmer-Rufnummer.

Die Teilnehmer-Rufnummer in den USA, so wird von der Post betont, beginnt häufig mit zwei Buchstaben, die von deutschen Apparaten als Ziffern gewählt werden. Im neuen Ortskennzeichenverzeichnis der Bundespost ist eine entsprechende Übersetzungstabelle enthalten. Außerdem erhält man jede gewünschte Auskunft über Kennzahlen und Rufnummern in der Auslandsauskunft, Rufnummer 0 01 18. Da beim amerikanischen Wählsystem nach der Wahl der letzten Ziffer bis zum Ertönen des Frei- und Besetztzeichens längere Wartezeiten entstehen können, sollte man nicht sofort einhängen, sondern bis zu 50 Sekunden warten, rät die Post.

Wie weiter betont wird, bedeutet die Einführung des Selbstwählferndienstes eine erhebliche Verbilligung der Gespräche. Die beim handvermittelten Gespräch übliche Mindestgesprächsdauer von drei Minuten fällt beim Selbstwählferndienst fort. Die Sprechdauer für eine Gebühreneinheit (18 Pfennig) beträgt nach allen Ortsnetzen der USA einheitlich in der Zeit von 12 bis 24 Uhr MEZ 1,333 Sekunden und von 0 Uhr bis 12 Uhr MEZ 1,745 Sekunden. Während ein Drei-Minuten-Gespräch bisher im handvermittelten Ferndienst 36 bzw. 27 Mark kostete, werden in Zukunft im Selbstwählferndienst nur noch 24,90 oder 18,90 Mark zu zahlen sein.

Rainer Sohr

A *Fragen zum Textinhalt:*

1. Wodurch wurde der Fernsprechverkehr mit den USA erleichtert? Welche Voraussetzungen mußten dafür geschaffen werden?
2. Welchen Weg nehmen die Fernsprechverbindungen nach den USA? Welche technischen Mängel machen sich bei der Satellitenverbindung bemerkbar?
3. Welche Vorteile bietet der Selbstwählferndienst für den Fernsprechteilnehmer?

B *Drücken Sie den Inhalt folgender Sätze mit Worten aus dem Text aus!*

1. Die vermittlungstechnischen Einrichtungen müssen umgerüstet werden. (8)
2. Der Mann versteht die Situation nicht sofort. (23)
3. Die Bundespost kann mehr als 50 Seekabel benutzen. (26)
4. Es ist geplant, weitere Leitungen zuzuschalten. (27)
5. Die Einführung des Selbstwählferndienstes hat die Telefongespräche erheblich verbilligt. (51)
6. Im Selbstwählferndienst müssen nur noch 24,90 DM gezahlt werden. (58)

C *Aufgaben zur Erweiterung des Wortschatzes und des Ausdrucks.*

1. Was für technische Geräte oder Geräteteile werden im Text genannt? Nennen Sie weitere technische Geräte oder Geräteteile, die Ihnen vom Telefonieren her bekannt sind!
2. Was müssen Sie tun, wenn Sie einen Bekannten über einen privaten und über einen öffentlichen Fernsprecher anrufen wollen?
3. Welche anderen Möglichkeiten der Kommunikation mit einer entfernt wohnenden Person kennen Sie? Worin unterscheiden sich diese Kommunikationsmittel vom Telefon?
4. Setzen Sie in folgende Sätze die geeigneten Verben ein!
    anmelden, anrufen, rufen, telefonieren, verbinden, wählen
    Mein Freund hat mich vor einer Stunde . . .
    Ich habe mit ihm zehn Minuten lang . . .
    Können Sie mich bitte mit Herrn Dr. Schmidt . . .
    Würden Sie bitte Herrn Müller an den Apparat . . .
    Ich möchte ein Ferngespräch nach Stockholm . . .
    Hier ist Petersen. Sie haben die falsche Nummer . . .
    Sie sind falsch . . .
    Bleiben Sie bitte am Apparat! Ich . . . Sie mit Herrn Baumann.

5. Wie nennt man die Gespräche, die innerhalb eines Ortes geführt werden?
Wie nennt man die Gespräche, die von einem Ort zu einem anderen geführt werden?
Wie nennt man die Gespräche, die vom Angerufenen bezahlt werden?

D *Ergänzen Sie die fehlenden Wörter und Endungen!*

1. Von heute ... können alle Fernsprechteilnehmer ... Selbstwahl telefonieren.
2. Die Gebührenzähler mußten ... neue ersetzt werden.
3. Die Tonqualität von Überseegesprächen ist gleich gut ... bei Ortsgesprächen.
4. Die Verzögerung von zwei bis drei Zehntel Sekunden wird ... die große Entfernung verursacht.
5. Die Bundespost verfügt ... Zeit ... 35 Satellitenleitungen.
6. Ich habe ein– Teilnehmer in New York angewählt.
7. Von wem kann man Auskunft ... Ortskennzahlen und Rufnummern erhalten?
8. ... Ertönen des Frei- oder Besetztzeichens muß man ... längeren Wartezeiten rechnen.
9. Gestern habe ich ein längeres Gespräch in die USA ...

E
Nach Mitteilung der Bundespost kann man jetzt die Fernsprechteilnehmer in den USA direkt anwählen.
Wie die Bundespost mitteilte (Wie von der Bundespost mitgeteilt wurde), kann man jetzt die Fernsprechteilnehmer in den USA direkt anwählen.

1. Nach Mitteilung des Fernmeldeamtes Traunstein gelten die verbilligten Fernsprechgebühren erst nach 18 Uhr.
...
2. Nach Mitteilung des Bundesverkehrsministeriums soll im Laufe der nächsten Jahre der Selbstwählferndienst beträchtlich erweitert werden.
...
3. Nach Berichten des Staatssekretärs im Bundesverkehrsministerium sind Verhandlungen zur Verbesserung der Fernsprechverbindungen zwischen der Bundesrepublik Deutschland und der Sowjetunion im Gange.
...

4. Nach Angaben der Post werden im Monatsmittel aus dem Bundesgebiet 55 000 Gespräche in die Vereinigten Staaten geführt.
   ...
5. Nach Angaben der Oberpostdirektion Oberbayern hat die Umstellung auf den Selbstwählferndienst in die USA allein im Münchener Bereich 2,25 Millionen Mark gekostet.
   ...

Bisher kostete ein Drei-Minuten-Gespräch 36 Mark. Jetzt kostet es nur noch 24,90 Mark.
Während ein Drei-Minuten-Gespräch bisher 36 Mark kostete, kostet es jetzt nur noch 24,90 Mark.

6. Früher wurden Gespräche nach Übersee nur über Kabel vermittelt. Jetzt können solche Gespräche auch über Satelliten vermittelt werden.
   Während...
7. Vor kurzem konnten Gespräche in die USA nur über die Fernsprechzentralen vermittelt werden. Jetzt kann man die Fernsprechteilnehmer in den USA direkt über den Selbstwählferndienst anwählen.
   ...

Tanz der tausend Typen

Fernschreib- und Datennetze verbinden Kontinente

Wo immer zwischen Frankfurt, San Francisco und Tokio wichtige Entscheidungen fallen, Geschäftsabschlüsse zustande kommen oder Verbrecher gejagt werden, ist ein schneller, reibungsloser und zuverlässiger Nachrichtenfluß unentbehrlich. 325 000 Teilnehmer in 120 Ländern verbindet heute das schnellste schriftliche Nachrichtenmittel unserer Zeit: der Fernschreiber.

Diesem modernen Nachrichtenübermittler sind keine geographischen Schranken gesetzt: Ob der angeschriebene Partner im zehn Kilometer entfernten Städtchen sitzt, in Amsterdam oder Toronto, ist ohne Belang. Über Tausende von Kilometern hinweg läßt sich ein „Fernschreibgespräch" führen: Bis zu 400 Buchstaben oder Satzzeichen kann man pro Minute übermitteln. Für Sondernetze – Polizei und Fluggesellschaften verfügen über solche – liegt die Leistungsgrenze sogar bei 600 Anschlägen in der Minute. Dem bunten Sprachengewirr dieser Welt entsprechend, gibt es Ausführungen in insgesamt 13 Alphabeten, darunter Amharisch (Äthiopien), Kyrillisch, Hebräisch, Thai, Vietnamesisch und Koreanisch. Für persische und arabische Sprachgebiete werden besondere, von rechts nach links schreibende Geräte gebaut.

Tag und Nacht ticken in Zeitungsredaktionen die Fernschreiber und bringen dem Redakteur das Rohmaterial für die Zeitung von morgen auf den Tisch. Der Boxkampf in Madrid, das Attentat in Delhi, die Preisverleihung in Stockholm – all diese Ereignisse gelangen als Nachrichten fernschriftlich in die Redaktionen.

Besondere Fernschreibgeräte ermöglichen die Herstellung und Übertragung von Lochstreifen zur Steuerung der Setzmaschinen in Zeitungsdruckereien. Der Effekt ist ein Gewinn an Zeit und damit an Aktualität für die Zeitung.

Datennetze – hervorgegangen aus Fernschreibnetzen – sind heute in Industrieunternehmen, Banken, Kliniken, bei Bahn-, Flug- und Schifffahrtsgesellschaften und bei Polizeibehörden im Einsatz. Diese Netze stellen Verbindungen mit Elektronenrechnern zur Datenverarbeitung her.

Die Behörden arbeiten in der Luftraumüberwachung, die Polizei in der Verbrecherfahndung mit eigenen Datenübertragungssystemen. Alle Polizeidienststellen mit entsprechender Berechtigung haben Zugriff zu jeder gespeicherten Information. Gezielte Eilanfragen, z. B. nach detaillierten Täter- oder Tatmerkmalen, können sofort – die Techniker sprechen vom Real-time-Betrieb – durch das „Zentralarchiv" im Computer beantwortet werden. Auf Grund solcher, rasch übermittelter Informationen ist der Polizei schon manch erfolgreicher „Fischzug" gelungen.

A *Fragen zum Textinhalt:*

1. Wo werden Fernschreiber verwendet, und welchem Zweck dienen sie?
2. Wie arbeiten Fernschreiber und Computer zusammen?

B *Drücken Sie den Inhalt folgender Sätze mit Worten aus dem Text aus!*

1. Bei der letzten Kabinettsitzung ist man zu einer wichtigen Entscheidung gekommen. (3)
2. Für den Fernschreiber gibt es keine geographischen Grenzen. (9)
3. Unser Geschäftspartner hat seinen Sitz in London. (10)
4. Es ist nicht bedeutsam, ob wir morgen zu einem Geschäftsabschluß kommen oder nicht. (10)
5. Mit Hilfe des Fernschreibers kann man Verbindungen von Kontinent zu Kontinent herstellen. (11)
6. In den Zeitungsredaktionen arbeiten Tag und Nacht die Fernschreiber. (20)
7. Besondere Fernschreibgeräte machen es möglich, Lochstreifen herzustellen. (25)
8. In Industrieunternehmen werden Datennetze eingesetzt. (31)
9. Alle Polizeidienststellen können jede im Computer gespeicherte Information erhalten. (35)
10. Die Polizei hat durch diese Informationen schon manchen Verbrecherring ausgehoben. (40)

C *Aufgaben zur Erweiterung des Wortschatzes und des Ausdrucks.*

1. Welche Ausdrücke aus dem Fernschreibverkehr kennen Sie?
2. Welche Aufgaben hat die Luftraumüberwachung?
3. Wie wird eine Verbrecherfahndung durchgeführt?

D *Ergänzen Sie die fehlenden Wörter und Endungen!*
1. Bei der Besprechung sind wichtige Entscheidungen . . .
2. Wir hoffen, daß im nächsten Monat gute Geschäftsabschlüsse zustande . . .
3. Dein– Arbeitseifer sind keine Schranken . . .
4. Telefongespräche lassen . . . . . . Tausende von Kilometern führen.
5. Die Polizei verfügt . . . ein eigenes Fernsprechnetz.
6. In der Redaktion wird . . . d– Zeitung . . . morgen gearbeitet.
7. Die Lochstreifen dienen . . . Steuerung der Setzmaschinen in der Druckerei.
8. Die Zeitung hat . . . Aktualität gewonnen.
9. . . . d– Polizeibehörden sind schon allgemein Computer . . . Einsatz.
10. D– Polizei ist es gelungen, einen Verbrecherring auszuheben.

E
Überall, wo wir waren, haben wir gute Geschäftsabschlüsse gemacht.
Wo immer wir waren, haben wir gute Geschäftsabschlüsse gemacht.

1. Überall, wo ein schneller Nachrichtenfluß unentbehrlich ist, gibt es Fernschreiber.
. . .
2. Überall, wo Fernschreiber stehen, ist ein schneller Nachrichtenfluß sicher.
. . .
3. Überall, wo Computer eingesetzt werden, arbeitet man mit größter Effektivität.
. . .

Man kann über Tausende von Kilometern Ferngespräche führen.
Ferngespräche lassen sich über Tausende von Kilometern führen.

4. Man kann mit dem Fernschreiber bis zu 400 Buchstaben in der Minute übermitteln.
. . .
5. Alle wichtigen Ereignisse kann man als Nachrichten fernschriftlich an die Redaktionen weitergeben.
. . .
6. Moderne Setzmaschinen kann man durch Lochstreifen steuern.
. . .
7. In dem Computer kann man alle Informationen speichern.
. . .
8. Die gewünschte Information kann man durch den Computer abrufen.
. . .

Unser Vertreter in London hat ein wichtiges Geschäft abgeschlossen.
Wovon haben Sie erfahren? – Von einem wichtigen Geschäftsabschluß unseres Vertreters in London.

9. An den Wissenschaftler ist in Stockholm ein Preis verliehen worden.
Wovon haben Sie erfahren? – Von . . .
10. Der Luftraum wird mit Hilfe von Radaranlagen überwacht.
Wovon haben Sie erfahren? – Von . . .
11. Die Geschwindigkeit der Autofahrer wird mit Radargeräten kontrolliert.
Wovon haben Sie erfahren? – Von . . .

Wörterbücher aus dem Computer

Es stellt sich die Frage, ob die Probleme der Automatisierung auch die Berufe des Dolmetschers und des Übersetzers berühren. Mit anderen Worten: muß der junge Mensch, der sich heute an Sprachen- und Dolmetscherinstituten und -schulen das Rüstzeug für den von ihm gewählten Beruf aneignet, damit rechnen, in der Ausübung des Berufes mit Fragen der Automation, genauer gesagt, der elektronischen Datenverarbeitung, konfrontiert zu werden?

Die Antwort hierauf lautet eindeutig „ja". Einmal nimmt die Datenverarbeitung in der Thematik der zu übersetzenden Texte aus allen Lebensbereichen einen immer größeren Raum ein. Zum anderen wird die mit der immer schnelleren Entwicklung der Technik einhergehende Informationsflut, also auch die zu übersetzende Informationsflut, immer höher und ist schon heute mit konventionellen Mitteln nicht mehr befriedigend zu bewältigen. Um mit dem erstgenannten Problem fertigzuwerden, muß sich der Dolmetscher und Übersetzer Kenntnisse auf dem Gebiet der Datenverarbeitung aneignen. Diese Kenntnisse setzen ihn aber zugleich in die Lage, aktiv an der Lösung des zweiten Problems mitzuwirken. Wie sieht eine solche Lösung aus, d. h. wie kann man die Arbeit des Dolmetschers und insbesondere die des Übersetzers automatisieren?

Es gibt heute wohl kaum noch einen Übersetzer, der nicht die Schreibmaschine oder wenigstens das Tonbandgerät benutzt. Damit sind seine maschinellen Hilfsmittel aber meistens erschöpft. Sein weiteres Handwerkszeug sind Wörterbücher aller Art, und dann natürlich seine Kartei, in der er Wörter und Redewendungen festhält, die ihm bei seiner Berufsarbeit, auch beim Studium von Fachliteratur, begegnen und die in noch keinem seiner Wörterbücher enthalten sind. Aus dieser Kartei entsteht vielleicht im Laufe der Zeit einmal irgendein neues Fachwörterbuch. Wenn das „Fachwortgut", mit dem der Übersetzer arbeiten muß, ständig auf den neuesten Stand gebracht würde, wäre schon viel gewonnen.

Diese Probleme, und nicht nur diese, lassen sich mit der elektronischen Datenverarbeitung lösen. Eine solche Lösung stellt das im Hause Siemens von Übersetzern für Übersetzer entwickelte Programmsystem TEAM dar

(TEAM = Terminologie-Erfassungs- und Auswertungs-Methode). Den Kern dieses Systems bildet ein im Computer gespeichertes vielsprachiges „Wörterbuch". Dieses Wörterbuch enthält nicht nur die Benennungen von Begriffen in beliebig vielen Sprachen, sondern auch Sachgebiets- und Quellenvermerke, Synonyme, Wortartangaben und viele andere Informationen, darunter auch Definitionen und Kontextbeispiele. Während frühere Systeme ähnlicher Art ihre Informationen den Möglichkeiten der Lochkarte anpassen mußten und sich auf eine vereinfachte Rechtschreibung beschränkten, kennt das System TEAM keine derartigen Einschränkungen. Die einzugebenden Informationen können beliebig lang sein und werden orthographisch richtig erfaßt, d. h. mit Groß- und Kleinbuchstaben, Umlauten, Akzenten.

Was sich der Übersetzer früher auf Karteikarten notierte, wird bei diesem Verfahren in den Speichern des Computers „geschrieben". Das geschieht mit einer Maschine, die sich kaum von einer normalen Schreibmaschine unterscheidet. Die so gespeicherten Informationen können jederzeit korrigiert, ergänzt oder wieder „gestrichen" werden. Verweiseinträge im Zusammenhang mit Synonymen stellt das Programmsystem automatisch her.

Da angesichts des Umfangs des Wortguts, das erfaßt werden muß, bei der Eingabe nicht geprüft werden kann, ob ein Ausdruck schon einmal oder sogar mehrmals erfaßt worden ist, übernimmt ein besonderes Programm die Beseitigung von „Doubletten". Das erfaßte Wortgut kann für die Ausgabe selektiert und sortiert werden. Diese Selektions- und Sortiervorgänge nehmen für Hunderttausende von Termini nur Minuten in Anspruch.

Die Ausgabe kann über Schnelldrucker erfolgen, die 45 000 Zeilen pro Stunde drucken, jede Zeile mit 132 Schreibstellen. So entstehen nach Bedarf Wörterlisten jeder Art, sei es, um einem Übersetzer die Terminologie eines bestimmten Sachgebietes oder sogar nur eines bestimmten Geräts an die Hand zu geben, sei es, um terminologische Neuschöpfungen Fachleuten zur Kritik vorlegen zu können. Solche Wörterlisten müssen nicht alphabetisch sein. Sie können eine systematische Anordnung aufweisen, sie können aber auch die Termini in der Reihenfolge aufführen, in der sie in einem bestimmten zu übersetzenden Text vorkommen, also „textbezogen" sein.

So wertvoll für den Übersetzer aktuelle Wörterbücher auch sein mögen, soviel wichtiger sind doch Übersetzungshilfen, die unmittelbar auf die ihm vorliegende Arbeit zugeschnitten sind.
Ob freiberuflich oder in einem Übersetzerbüro tätig – die Zukunft gehört ohne Frage dem hochspezialisierten Fachübersetzer. Was immer aber auch sein eigentliches Spezialgebiet sein mag – er wird sich, aktiv oder passiv, mit der Datenverarbeitung befassen müssen.

Karl-Heinz Brinkmann

A *Fragen zum Textinhalt:*

1. Worin sehen Sie den Unterschied zwischen den Aufgaben eines Dolmetschers und den Aufgaben eines Übersetzers? Erklären Sie die unterschiedlichen Aufgaben und Arbeitsweisen!
2. Welche Vorteile kann ein Computer einem Dolmetscher oder Übersetzer bieten?
3. Welche sprachlichen Fragen kann er Ihrer Meinung nach nicht oder nur ungenügend beantworten?

B *Drücken Sie den Inhalt folgender Sätze mit Worten aus dem Text aus!*

1. Der junge Mann will die für seinen Beruf notwendigen Kenntnisse und Fertigkeiten erwerben. (5)
2. Die Datenverarbeitung breitet sich in der modernen Welt immer mehr aus. (10)
3. Fremdsprachenkenntnisse befähigen einen, fremdsprachliche Fachliteratur zu lesen. (16)
4. Dieser Fachausdruck steht nicht im Wörterbuch. (26)
5. Die Daten sind bereits in den Computer eingegeben worden. (34)
6. Für den Sortiervorgang braucht der Computer nur wenige Minuten. (58)
7. Die Wörterlisten müssen systematisch geordnet sein. (65)
8. Der Übersetzer arbeitet freiberuflich. (72)

C *Aufgaben zur Erweiterung des Wortschatzes und des Ausdrucks.*

1. Welche Wörter im Text beziehen sich unmittelbar auf die elektronische Datenverarbeitung? Was bezeichnen sie?

2. Welche Arten von Wörtersammlungen (Wörterbücher) kennen Sie, und worin unterscheiden sie sich? Welche Vor- oder Nachteile haben die verschiedenen Wörterbücher?
3. Zeigen Sie am Beispiel eines Stichwortes, wie Sie sich das ideale Wörterbuch vorstellen!
4. Auf welche Weise kann man seinen Vorrat an Wörtern und Ausdrücken erweitern und vertiefen? Haben Sie die für Sie günstigste Methode gefunden? Erklären Sie sie!

D *Ergänzen Sie die fehlenden Wörter und Endungen!*

1. Es stellt ... die Frage, ... der Computer auch für Übersetzer ... Nutzen sein kann.
2. Der junge Mann hat ... ... unserem Spracheninstitut sehr gute Kenntnisse angeeignet.
3. Jeder leitende Angestellte muß sich heutzutage Kenntnisse ... d– Gebiet der Datenverarbeitung aneignen.
4. Diese Kenntnisse ... ihn in die Lage, ... d– Rationalisierung seines Betriebes mitzuwirken.
5. Der Übersetzer hat eine Kartei, ... er alle wichtigen Fachwörter festhält, die ... keinem seine– Wörterbücher enthalten sind.
6. Er bringt damit sein– Fachwortschatz ständig ... d– neuesten Stand.
7. Viele Probleme lassen ... ... d– elektronischen Datenverarbeitung lösen.
8. Zunächst müssen wir ... ... d– wichtigsten Probleme beschränken.
9. Die Maschine unterscheidet ... kaum ... eine– normalen Schreibmaschine.
10. Der Sortiervorgang ... nur Minuten in Anspruch.
11. Dieses Wörterbuch ist ... unser Fachgebiet zugeschnitten.
12. Der Fachübersetzer wird ... ... d– Datenverarbeitung befassen müssen.

E
Die Texte sollen übersetzt werden.
Die zu übersetzenden Texte behandeln alle Lebensbereiche.

1. Die Informationen sollen in den Computer eingegeben werden.
   ... werden zuvor in Lochkarten gelocht.
2. Die Informationsflut muß bewältigt werden.
   ... wird immer größer.

3. Neue Fachausdrücke müssen festgehalten werden.
   ... werden in der Kartei eingetragen.
4. Die Fehler müssen korrigiert werden.
   Wir haben ... am Seitenrand vermerkt.
5. Die Eintragungen müssen nochmals überprüft werden.
   Sortieren Sie ... aus dem Kartenstapel aus!
6. Die neugeschaffenen Termini sollen den Fachleuten zur Kritik vorgelegt werden.
   In dieser Liste sind ... alphabetisch aufgeführt.

Der Übersetzer besucht einen Kurs. Er will sich Kenntnisse in der Datenverarbeitung aneignen.
Zu welchem Zweck besucht der Übersetzer einen Kurs? – Um sich Kenntnisse in der Datenverarbeitung anzueignen.

7. Er trägt neue Fachausdrücke in eine Kartei ein. Er will sie dort immer greifbar haben.
   Zu welchem Zweck trägt er neue Fachausdrücke in eine Kartei ein? – ...
8. Der Übersetzer richtet sich ein eigenes Büro ein. Er will freiberuflich arbeiten.
   Zu welchem Zweck richtet sich der Übersetzer ein eigenes Büro ein? – ...
9. Die Locherin locht die Karten im Lochkartenlocher. Sie will die Daten im Datenverarbeitungsgerät speichern.
   Zu welchem Zweck locht die Locherin die Karten im Lochkartenlocher? – ...

Quellenverzeichnis

Friedensforschung, aus: Rede des Bundespräsidenten Gustav Heinemann zum 30. Jahrestag des Kriegsausbruchs am 1. Sept. 1939, zitiert nach: X – unsere Welt heute, Heft 12, 1969, S. 6.

Aus einem Interview mit dem Bundespräsidenten – Südwestfunk vom 14. 9. 1969; abgedruckt in: X – unsere Welt heute, Heft 12, 1969, S. 7.

Demokratische Verantwortung anstatt Indifferenz oder Revolte, aus: Gernot Sittner, Jugend '70, Sonderbeilage der Südd. Zeitung Nr. 130 vom 1. 6. 1970, S. 2.

Der Luxus des Gewissens, aus: Hedwig Born / Max Born, Der Luxus des Gewissens. Erlebnisse und Einsichten im Atomzeitalter, München: Nymphenburger Verlagshandlung 1969, S. 12.

Der Treueid ohne „Gottes Hilfe"?, aus: Hans Schueler, Westermanns Monatsmagazin, Heft 9, 1969, S. 74.

Kultur und Zivilisation, aus: Gerhard von Frankenberg, Menschenrassen und Menschentum, Berlin: Safari-Verlag 1956, S. 461.

Künstlerische Maßstäbe, aus: Hans Sedlmayr, Verlust der Mitte, Ullstein-Bücher Nr. 39, S. 159 f.

Kunsthandel, aus: Hans H. Hofstätter, Malerei und Graphik der Gegenwart, Baden-Baden: Holle-Verlag 1969, S. 7.

Warnung an Kunstfreunde, aus: Peter Benedix, Westermanns Monatsmagazin, Heft 7, 1969, S. 80.

Das Fernsehen, aus: Hans Bausch, Der Kampf um das neue Medium, Zwanzig Jahre danach, eine deutsche Bilanz 1945–65, München: Desch 1965, S. 371 f. (leicht gekürzt).

Tagesschau: ...und nichts als die reine Wahrheit, aus: Horst Ludwig, tele 14 Tage, Heft 11, 1970, S. 162.

Autorität des Publizierten, aus: Fritz Kempe, Wunderbare Welt der Kamera, Düsseldorf: Econ-Verlag 1964, S. 55.

Überschriften sind Glückssache, aus: Manfred Steffens, Westermanns Monatsmagazin, Heft 10, 1969, S. 100.

Taschenbücher, aus: Faktum, 1. Jahrgang, Reihe 009, Nr. 108, Lausanne: Edition encontre 1968.

Die neue Architektur, aus: Udo Kultermann, Architektur heute, Baden-Baden: Signal-Verlag 1966/67, S. 213 f.

Das teuerste Chaos der Welt, aus: Wolfgang Schraps, Epoca, Heft 6, 1963, S. 91 ff. (gekürzt).

Autobahn – ein gefährlicher Weg, aus: Angelika Schmidt, Südd. Zeitung Nr. 73 vom 26./27. 3. 1970.

Der Trick mit der Aufwertung, aus: Werner Meyer-Larsen, Westermanns Monatsmagazin, Heft 2, 1969, S. 79.

Die Situation der deutschen Seehäfen, aus: Gerd Möller, Der Mensch und die Technik, Beilage der Südd. Zeitung Nr. 252 vom 21. 10. 1969, S. 2.

Das Meer als Eiweißlieferant, aus: Jürgen von Hollander, Epoca, Heft 1, 1970, S. 18 f.

Die Zukunft des Menschen, aus: Eric Weiser, Das Buch der Gesundheit, Köln: Edition rencontre, 1969, Band 20, S. 48.

Tiefseebergbau – futurologisch, aus: Harald Steinert, Sonntagsblatt, Hamburg, Nr. 14 vom 5. 4. 1970, S. 27.

Elektronik in der Expansion, aus: Siegfried Bergmann, Bayerland, Heft 5, 1967, S. 58.

Satellitenfotos für neue Erdkarten, aus: Westermanns Monatsmagazin, Heft 1, 1969, S. 19 f.

Kulturtechnik Fotografie, aus: Walter Boje, Westermanns Monatsmagazin, Heft 5, 1969, S. 10 f.

Wählscheibe verbindet zwei Kontinente, aus: Rainer Sohr, Südd. Zeitung Nr. 78 vom 1. 4. 1970.

Tanz der tausend Typen, aus: Das moderne Büro, Beilage der Südd. Zeitung Nr. 267 vom 4. 11. 1969, S. 44.

Wörterbücher aus dem Computer, aus: Karl-Heinz Brinkmann, Sprung ins Berufsleben, Sonderbeilage der Südd. Zeitung Nr. 25 vom 29. 1. 1970.

Text- und Übungsmaterial aus der Reihe
Deutsch für Fortgeschrittene

Moderne Welt 1 Sachtexte mit Übungen
122 Seiten, kart. – Hueber-Nr. 1134

Moderne Welt 2 Sachtexte mit Übungen
133 Seiten, kart. – Hueber-Nr. 1135
In den Sachtexten werden aktuelle Themen unserer heutigen Umwelt, Fakten und Probleme der modernen Industriegesellschaft und des technischen Fortschritts aufgegriffen. Sie vermitteln eine Sprache der sachlichen Information und regen zur Diskussion über gegenwärtige Probleme an.

Ernste und heitere Erzählungen Texte mit Übungen
122 Seiten, kart. – Hueber-Nr. 1136

Humor und Satire Texte mit Übungen
112 Seiten, kart. – Hueber-Nr. 1137
Literarische Texte mit gegenwartsbezogenen Stoffen dienen der stilistischen Verfeinerung des Ausdrucks; hier wird der Schüler mit einer phraseologisch reichhaltigen Sprache konfrontiert.

Training Deutsch 60 Wortschatz- und Strukturübungen
107 Seiten, kart. – Hueber-Nr. 1313
Methodische Handreichungen für den Lehrer
6 Seiten, Hueber-Nr. 1.1313
Wortschatzerweiterung und Festigung grammatischer Strukturen.

Sprachheft 1 Sprachübungen zur Grammatik (Funktionen und Strukturen)
204 Seiten, kart. – Hueber-Nr. 1131

Sprachheft 2 Sprachübungen und Aufgaben zu Inhalt und Ausdruck
128 Seiten, kart. – Hueber-Nr. 1132
„Sprachheft 1" und „Sprachheft 2" sind direkt auf das Übungsangebot der Texthefte bezogen; das erste Heft ist in unmittelbarem Anschluß an den Anfängerunterricht einzusetzen.

sprachen der welt
hueber Max Hueber Verlag, Ismaning bei München

Praxis
Verstehen, Schreiben, Stellungnehmen
von Heinrich Stalb

108 Seiten, mit Fotos und Zeichnungen, kart. – Hueber-Nr. 1314

dazu sind lieferbar:

Lehrerheft
72 Seiten, geheftet, Hueber-Nr. 1.1314

1 Compact-Cassette mit Hörtexten
Laufzeit 44 Minuten, Hueber-Nr. 2.1314

Lernziel: Training von korrektem geschriebenem Deutsch.

Zur Konzeption: Praxis gliedert sich in zehn Themenbereiche, die motivierende Schreibanlässe enthalten. Ausgehend von visuellen, schriftsprachlichen und gehörten Stimuli in vielfältigen Übungstypen bietet Praxis die erforderlichen Vorgaben, mit denen in jeder Lektion von Anfang an das Schreiben in Zusammenhängen trainiert wird. Das Buch kann in Verbindung mit jedem anderen Lehrwerk benutzt werden.

Kritisch betrachtet
Sachtexte mit Übungen
von Hilmar Kormann

160 Seiten, mit Fotos und Zeichnungen, kart. – Hueber-Nr. 1294

Lernziel: Der Schwerpunkt liegt auf der Förderung von Leseverständnis und Argumentationsfähigkeit.

Zur Konzeption: Zu 11 aktuellen Themen wurden jeweils 4–5 (zum Teil leicht gekürzte und leicht bearbeitete) Originaltexte zusammengestellt, die zur kritischen Diskussion herausfordern. Kennzeichnend ist dabei die Vielfalt von Textsorten: Reportagen, Reden, Interviews, Diskussionen, Briefe, Werbetexte, Abhandlungen usw. Schwierige Wörter werden im Anschluß an die Texte erklärt. Zu jedem Text gibt es Übungen, die dazu anleiten, ihn schriftlich und mündlich zu erarbeiten. Sie sind folgendermaßen gegliedert: A. Fragen zum Textverständnis – B. Weiterführende Fragen – C. Sicherung von neuen Wörtern und Redewendungen aus der Textvorlage – D. Grammatische Übungen.

Max Hueber Verlag, Ismaning bei München